Pädagogik für die Praxis

Eine neue Serie der Herderbücherei

Wörterbuch der
Schulpädagogik
Band 9001 : : : 384 Seiten

Begabung und Lernerfolg
in der Schule
Band 9002 : . 144 Seiten

Gisela Oestreich
Erziehung
zum kritischen Lesen
Band 9003 : : . 160 Seiten

Volker Hole
Erfolgreicher
Mathematik-Unterricht
Band 9004 : : : . 192 Seiten

Das Kind im Vorschul-
und Grundschulalter
Band 9005 : : 208 Seiten

Hans Herbert Deißler
Verschulter Kindergarten
Band 9006 : : 128 Seiten

Soziologie
für die Schule
Band 9008 : : 208 Seiten

Wörterbuch
der Berufs-
und Wirtschaftspädagogik
Band 9009 : : : 288 Seiten

H.-E. Rösch
Th. Lautwein
Methodik
des Sportunterrichts
Band 9010 : : . 144 Seiten

Norbert Huppertz
Elternarbeit
vom Kindergarten aus
Band 9011 ca. 144 Seiten

Elisabeth Furch-Krafft
Der Test in der Schule
Band 9012 ca. 160 Seiten

Herderbücherei

Herderbücherei *Pädagogik*

Band 9007

Über das Buch

Hermann Müller möchte in diesem Taschenbuch zu der Fülle vorhandener Sprachtheorien nicht weitere hinzufügen, sondern er konfrontiert die Forschungsergebnisse mit der Praxis, um dem Lehrer, der vor dem Problem der Sprachbarrieren innerhalb der Schule steht und diese Schranken für Erziehung und Bildung abzubauen bemüht ist, einen Dienst zu leisten. Ziel ist die Erziehung zu einer kommunikativen Kompetenz beim einzelnen Schüler. Die Fähigkeit zur sprachlichen Kommunikation in einer komplexen und hochmobilen Gesellschaft kann und muß vor allem in der Schule erworben werden. Sie ist für den einzelnen Schüler von entscheidender Bedeutung sowohl im Bereich der Arbeit, der Freizeit und auch der politischen Öffentlichkeit. Dieses Taschenbuch ist somit ein wichtiges Werkzeug in der Hand eines jeden Lehrers, keineswegs nur des Deutschlehrers.

Über den Autor

Der Autor, Jahrgang 1924, studierte von 1946–1951 Philosophie, Soziologie, Deutsch und Geschichte an der Frankfurter Universität und trat dann als Realschullehrer in den Schuldienst, wo er u.a. Hauptseminar- und Fachgruppenseminarleiter war. 1961 promovierte er in Soziologie über das Problem der Toleranz bei den Professoren Adorno und Horkheimer. 1962–1963 machte er als Mitarbeiter des Deutschen Instituts für Internationale Pädagogische Forschung bei Prof. Lemberg Untersuchungen über Vorurteile und Möglichkeiten ihres Abbaues in der Schule. 1964 wurde er Dozent an der Abteilung für Erziehungswissenschaften und 1972 Professor für Soziologie im Fachbereich Gesellschaftswissenschaften der Frankfurter Universität. Seine Arbeit gilt gegenwärtig den Problemen ausländischer Kinder in der BRD und ihrer sprachlichen Förderung.

Hermann Müller

Überwindung von Sprachbarrieren

Sachverhalte–Hintergründe–Konsequenzen für die Spracherziehung

Herderbücherei

Originalausgabe
erstmals veröffentlicht als Herder-Taschenbuch

Herder Freiburg · Basel · Wien
Herder Druck Freiburg im Breisgau 1973
ISBN 3-451-09007-4

Inhalt

Über Sprache nachdenken 9

SPRACHBARRIEREN IN DER ERZIEHUNG

Sachverhalte: Programmierte Sprachlosigkeit – Sprachstile in der Familie 19

Hintergründe: Sprache und Identität – Sozialisation in der Kindheit 35

Konsequenzen: Die Entscheidung fällt in der Familie 49

SPRACHBARRIEREN IM UNTERRICHT

Sachverhalte: Sprachrituale in der Schule – Lehrersprache und Unterrichtssprache 61

Hintergründe: Sprache im sozialen Kontext – Kompensation als Sackgasse 76

Konsequenzen: Das Kriterium ist die kommunikative Kompetenz 87

SPRACHBARRIEREN IN DER SOZIALEN INTEGRATION

Sachverhalte: Ausländerkinder in deutschen Schulen – Außenseiter ohne Chance? 95

Hintergründe: Integration durch Sprache – Sprachprogramme für Gastarbeiterkinder . 107

Konsequenzen: Vorurteile müssen abgebaut werden . 117

Literaturverzeichnis 121

Über die Sprache nachdenken ...

Die Menschen haben zu jeder Zeit ihre Sprachfähigkeit als etwas Selbstverständliches und zum Menschen Gehörendes benutzt. Schon Aristoteles definiert den Menschen als das Lebewesen, das Sprache hat (zoon logon echon). So war und ist die Sprache vor allem Werkzeug und Instrument, um zu informieren und zu belügen, zu befehlen und zu streiten, zu werben und zu drohen, zu klagen und zu fordern ... Dabei nehmen wir das Werkzeug Sprache im wesentlichen als etwas, zu dem es zwar Gebrauchsanweisungen gibt und auch eine Lehrzeit oder doch wenigstens eine Anlernzeit gehört, das man aber letzten Endes doch so gebraucht, „wie einem der Schnabel gewachsen ist".

Wenn man von einer solchen Naturbedingtheit des Sprechens ausgeht, dann ist offenbar vielen Menschen der Schnabel recht schlecht gewachsen, so daß sie den Mund möglichst wenig auftun, weil sie nicht viel sprachliches Geschick haben und sich auch keines zutrauen. Weitverbreitete Meinungen, die sich als bewährte Erfahrungen geben und mit dem Gewicht von Sprichwörtern und Lebensweisheiten auftreten, raten eindringlich dazu, möglichst „den Schnabel zu halten" und sich nicht „den Mund zu verbrennen", mit Maximen wie „Reden ist Silber, und Schweigen ist Gold".

Viele Menschen haben sich eingerichtet in sprachlicher Abstinenz, die auch das Lesen und Schreiben einschließt. Die Vernunft sprachlicher Enthaltsamkeit scheint sich zu bestätigen in dem, was herauskommt, wenn dem Bedürfnis zu sprechen nachgegeben wird: ein irgendwie minderwertig empfundenes Sprechen, das man abschätzig als Gerede oder Geschwätz bezeichnet und bei dem man sich eher „den Mund fusselig reden" als das erreichen kann, was man mit der „Hochsprache" erreicht.

Die Behauptung, daß Sprache und Sprachfähigkeit etwas Naturbedingtes und Naturgegebenes ist, was man eben „mitbekommt" oder nicht, ohne daß Bemühungen von Erziehung und Bildung viel daran ändern könnten, hat zur Konsequenz die Forderung, die Sprache und das Sprechen eben den dafür Qualifizierten zu überlassen. Die Qualifikation durch die Natur erscheint dann als Berufung. Als die Berufenen sind dabei vor allem die Dichter und Denker gesehen, denen die Sprache als höchstes Gut anvertraut ist, die selbst Sprache als „das Bleibende stiften" (Hölderlin). Mit der Behauptung einer Determination der Sprache durch die Natur ist freilich auch generell die Kapitulation vor ihr verbunden. Denn die Natur kann die Sprache nach diesem Verständnis Zeiten und Völkern überhaupt verweigern, nicht nur einzelnen und bestimmten Gruppen von Menschen. Das meint Hölderlin, wenn er davon spricht, daß die Nachtzeit angebrochen ist, und fragt: „Wozu Dichter in dürftiger Zeit?" So hat auch Heidegger erklärt, es sei jetzt am Menschen, zu schweigen und zu warten, bis die Sprache wieder zu ihm komme, bis sie sich ihm „er-eigne".

Der einseitige Bezug der Sprache auf die Natur ist beschwörend und unkritisch. Er läßt viele Fragen offen und ungeklärt und tendiert zuletzt dazu, nur eine einzige Sprache als wahre Sprache anzuerkennen: die Mathematik. Das entspricht schon dem Verständnis Platons und wird immer wieder aufgegriffen, etwa bei Spinoza, der seine Ethik „more geometrico" demonstriert und darin behauptet, ohne die Mathematik wäre die Wahrheit dem menschlichen Geschlecht ewig verborgen geblieben. Die Mathematik, die „Sprache der Natur" als wahre Sprache, das bedeutet eine extreme Determination und Verkürzung von Sprache.

Demgegenüber hat Wilhelm v. Humboldt in seinem Werk „Über die Verschiedenheit des menschlichen Sprachbaues" die Sprache kein Ergon genannt, keine Sache, sondern eine Energeia, eine schöpferische Kraft. Diese Kraft drückt sich für ihn im Volksgeist aus, der Sprache prägt und gestaltet. Nun hat jeder, der zu einem Volk gehört, danach in einer Art zweiter Natur Anteil am „nationellen" Sprachgeist, und der „natürliche" Besitz einer Muttersprache, die ja mit einer gewissen Emphase so genannt wird und von der wir annehmen, daß man keine Sprache später so lernen kann, wie man die Muttersprache „mitbekommt", bestimmt seine Sprachkompetenz.

Wenn die Volkssprache etwas Lebendiges und Schöpferisches ist, dann muß diese Dynamik im sozialen und kulturellen Raum bestehen in der gegenseitigen Vermittlung durch alle Mitglieder. Das aber bedeutet, daß Sprache sozial vermittelt ist und daß man unterschiedliches Sprachvermögen und Sprachverhalten nicht als naturgegeben hinnehmen, sondern auch sozial und kulturell beantworten und verantworten kann und muß. Es sei denn, man sähe in jeder Sprachentwicklung nur Sprachverfall. Dies geschieht in dem Bewußtsein, in grauer Vorzeit oder dunkler Urzeit seien die Sprachen als lebendige und reine Quellen entsprungen und hätten sich bis zur Neuzeit durch den Massengebrauch des Alltags zu trägen, schmutzigen und vergifteten Strömen verschlechtert, denen gegenüber man nur klagen und warnen könne und das Forschen und Fischen sich nicht lohne. So richtet sich das Forschungs- und Erkenntnisinteresse leicht auf die Sicherung und Bewahrung des vergangenen Besseren, etwa in der großen Anstrengung, möglichst viele Sprachen zurückzuführen auf eine zu erschließende oder erschlossene indogermanische Ursprache als die entscheidende wissenschaftliche Aufgabe. Dabei trat später immer stärker die Absicht hervor, Sprachen als komplexe Systeme zu analysieren und auf Strukturen und Funktionen hin zu vergleichen.

Heute konzentriert sich das Interesse an der Sprache immer mehr darauf, Art und Umfang der sozialen Determination von Sprachentwicklung, von Sprachfähigkeit und Sprachverhalten der einzelnen und sozialer Gruppen in der Gesellschaft zu erkennen. Der Grund dafür liegt einmal in der ungeheuren Bedeutung der Fähigkeit zur sprachlichen Kommunikation in einer komplexen und hochmobilen Gesellschaft. Früher waren soziale Plazierung und Chancen hauptsächlich von anderen Faktoren abhängig als kommunikativer Kompetenz. Auch in den beruflichen Sektoren der Landwirtschaft und der Industrie standen manuelle Fähigkeiten vor den sprachlichen im Vordergrund. Das sieht heute nicht nur im rasch wachsenden Sektor der Dienstleistungen anders aus, bei denen die Kontakte mit Menschen entscheidend sind, sondern in allen Bereichen der Arbeit, der Freizeit und der politischen Öffentlichkeit. Das Sprachvermögen entscheidet heute stärker als früher über kulturelle und soziale Integration. Deshalb muß auch entschiedener als früher die Frage gestellt werden, wieweit Sprache und Sprechen naturgegeben und natürlich zu lernen sind oder wieweit Sprache sozial determiniert und vermittelt wird, das heißt, wieweit Spracherwerb und Sprachfähigkeit durch soziale Faktoren belastet und behindert werden können.

Die Annahme einer sozialen Determination von Sprache hat sich als Konsequenz aus Schwierigkeiten der Schule ergeben, alle Kinder begabungsgerecht zu fördern. Dabei zeigt es sich, daß die Sprache als wichtigstes Instrument der Erziehung und Bildung den Kindern nicht in gleicher Weise gegeben und zugänglich ist. Diesem bisher nicht in zureichender Weise erkannten Phänomen ist vor allem Basil Bernstein nachgegangen. Er machte deutlich, daß nicht nur unterschiedliche Begabungen anzunehmen sind, wovon die Erziehung schon immer ausging, sondern daß auch das Medium, in dem sich Begabungen vor allem entfalten und gefördert werden können, die Sprache, unterschiedlich gegeben ist. Dies ist deshalb eine bestürzende Entdeckung, weil sie eine Ungerechtigkeit enthüllt, die für jedes pädagogische Bemühen unerträglich sein muß. Denn nach dieser Erkenntnis können gleiche Begabungen nicht gleich gefördert werden: mindere Begabungen werden gut gefördert, wenn die sprachlichen Voraussetzungen dies zulassen, und gute Begabungen können nicht gefördert werden, wenn die sprachlichen Voraussetzungen dies blockieren. Das heißt, zur natürlichen Ungleichheit kommt eine zweite Ungleichheit. Die Verzerrung der Effizienz der Schule wird noch schlimmer dadurch, daß Begabung im sprachlichen Bereich gemessen und somit jede sprachliche Schwäche verfälschend als geringere Begabung registriert wird, die man als naturgegeben und damit resignierend anzunehmen geneigt ist. Die Ungleichheit der Sprache aber ist in ihrer Genese nur im sozialen Bereich zu erklären. Somit wirkt sich der gesellschaftliche Bereich, in dem die Forderung nach Gerechtigkeit und Gleichheit unabdingbar ist, in der Erziehung und Bildung als benachteiligender Faktor aus.

Die Sozialisationsforschung geht von der Tatsache aus, daß der Mensch im Unterschied zu jeden anderen Lebewesen bei seiner Geburt einen extrem weit gefächerten Entwicklungsspielraum hat, wobei unterschiedliche soziale Faktoren die Entwicklung festlegen, die in Erziehung und Bildung geschieht. Im Rahmen der Sozialisation des Menschen, seiner Ich- und Identifikationsbildung, vollzieht sich auch die Entwicklung und Bildung seiner Sprache, in der sich nicht nur seine Individualität und die Sprache als objektives System in einem Spannungsverhältnis ausdrücken, sondern auch die sozialen Einflüsse seiner näheren und weiteren Umgebung. Die Sprache ist dabei sowohl Ausdruck von sozialen Beziehungen und Prozessen als auch wiederum entscheidender Faktor für soziale Beziehungen und Prozesse. Das heißt, das Ich, die Persönlichkeit eines Menschen, wird im Bereich der Sozialisation „programmiert" und nicht zuletzt durch seine Sprachfähigkeit getragen, wobei es nicht möglich ist, die Anteile von vorgegebener Begabung und Weckung von Begabung beziehungsweise Unterdrückung von Begabung zu unterscheiden. Das macht es außerordentlich fragwürdig, auf einer natürlichen Sprachbegabung zu bestehen, weil diese Erklärung nicht mehr trägt, sondern immer mehr Probleme offenläßt, die erklärt werden müssen.

So notwendig es heute auch ist, die sozialen Faktoren als entscheidende Variable in einer Sprachtheorie einzubringen, so schwer ist es auch. Unbestritten ist die Notwendigkeit von der Praxis her, weil einmal die Auswirkungen dieser Faktoren für die Erziehung und Bildung in allen Bereichen immer stärker ins Gewicht fallen und den Erfolg der Erziehungsinstitution in

Frage stellen und zum anderen, weil Sprachbarrieren nur überwunden werden können, wenn die Zusammenhänge klar erkannt und auf den Begriff gebracht sind, das heißt in eine Theorie, auf die sich Praxis gründen kann. Nun ist an Begriffen und Theorien im Bereich der Sprache kein Mangel. Aber jede Theorie läßt so viel an „Restproblematik" offen, von der jeweils die anderen Theorien sagen, es sei die Hauptproblematik, daß die „Anstrengung des Begriffes" in den einzelnen Theorien leicht zur Frustration führt. Nicht das fleißige Aufarbeiten und Unterscheiden unzähliger Begriffe und das Addieren von Theorienstücken ist für die Praxis entscheidend, sondern die Gewinnung von Kategorien, die strukturelle Zusammenhänge erkennen lassen. Das wäre zu leisten in einer Metatheorie, einer Theorie der Theorien also, welche die einzelnen Theorien kritisch hinterfragt. Dabei müßten die Reichweiten der verschiedenen Theorien festzustellen und ein System der Theorien zu entwickeln sein. Das kann dazu führen, eine neue Gesamttheorie vorzubereiten mit größerer Reichweite auch ihrer Begriffe.

Doch wäre dabei offen, ob, wann und wie der „Wechsel" der Theorie für die Praxis eingelöst wird und ob die „Verlängerung" von Begriffen in die Theorie hinein der Praxis dient, oder ob sich die Theorie zuletzt doch nur das von der Wirklichkeit genommen hat, was für sie „interessant" war, und es zuletzt nur „um so schlimmer für die Wirklichkeit" (Hegel) erscheint, wenn sie anders ist, als die Theorie sie darstellt. Deshalb spricht viel dafür, Begriffe nachdrücklich und immer wieder mit der Praxis zu konfrontieren und einer vorschnellen Abstraktion zu einem theoretischen Jargon entgegenzuwirken, der zwar viel mit der Theorie, aber wenig mit der Wirklichkeit zu tun hat. Das Nachdenken über die Sprache darf sich nicht dem Ärgerlichen der Wirklichkeit entziehen.

Das vorliegende Buch will der Praxis dienen. Es versucht, so anschaulich und verständlich wie möglich zu sein. Damit ist es sicher nicht erkenntnisfeindlich. Denn solange noch keine gesicherte Theorie besteht, wie sie von der Erziehungspraxis dringend gefordert wird, die sie bitter nötig hat, liegt die Wahrheit vor allem im Detail. Es kommt darauf an, genau zu beobachten und genau zu analysieren. Die „Kunst des Weglassens" ist um so fragwürdiger, je weniger man zwischen Wichtigem und Unwichtigem unterscheiden kann. Deshalb muß der Leser mitentscheiden können, wie sich die Realität dem kritischen Betrachter darstellt. Die Realität wird in entscheidenden Erziehungsbereichen, wie Elternhaus und Schule, aufgesucht und angesprochen. Jedes Kapitel bietet so zuerst Sachverhalte an Beispielen, deren Signifikanz und Relevanz vom Leser selbst nach seinen eigenen Erfahrungen beurteilt werden müssen. Der eigene Erfahrungsbereich ist für den Einstieg in die Reflexion genauso wichtig wie die Aufgabe, typische Beispiele zu finden, die verallgemeinert werden können. Einer breiten, komplexen und kontroversen Darbietung von Erziehungsrealität und Praxis gegenüber hat die Reflexion die Einsicht in Zusammenhänge zu bieten, die hinter der leicht fraglos hingenommenen und naiv interpretierten Faktizität stehen, sie hat Defizite anzusprechen und die Dynamik der Entwicklung. Auf dieser Ebene sind Begriffe und Theorien zu befragen nach dem, was sie für die Erkenntnis und Verbesserung dessen leisten, was festzustellen ist. Die Praxis, das heißt der Abbau von Sprachbarrieren und damit von Schranken für Erziehung und Bildung, ist der Prüfstand für die Theorie. Als Konsequenzen werden Modelle angeboten, die kritisch von der eigenen Erfahrung und den gebotenen Sachverhalten durchgespielt und bezogen werden müssen auf die Hintergründe. Die Konsequenzen, die sich aus der Reflexion ergeben, fordern zur Praxis auf, aber auch zur weiteren Reflexion, zum weiteren Nachdenken über die Sprache. Das heißt, daß die Praxis nicht kurzschlüssig sein und in eine Art „steriler Aufgeregtheit" (Max Weber) münden darf. Die Realität mit ihrer Reichhaltigkeit entfaltet sich erst mit dem Denken und der Praxis ganz, die daraus möglich wird. Bei der freiwilligen Begrenzung des theoretischen Raumes muß für weiterführende Studien auf die Literatur hingewiesen werden, die abschließend genannt wird.

Sprachbarrieren in der Erziehung

Programmierte Sprachlosigkeit – Sprachstile in der Familie

Erziehung und Sprache stehen in engen Wechselbeziehungen. Dabei gilt Sprache vor allem als Mittel der Erziehung, als das beste und edelste Mittel. Im frühen Mittelalter hat es schon der Sänger Walther von der Vogelweide gesagt: „Niemand kann mit Gerten Kindes Zucht erhärten; wen man zu Ehren bringen mag, dem ist ein Wort wie ein Schlag." Freilich stimmt schon hier bedenklich, daß das Wort mit einem Schlag verglichen wird. Ein Widerspruch zur Praxis der Erziehung besteht darin freilich nicht. Die Sprache wird in der Erziehung als Mittel der Disziplinierung gebraucht. Dafür spricht eine lange Tradition, nachdem der Satz Homers aus der Antike: „Der Mensch, der nicht geschunden wird, wird nicht erzogen", ein Leitmotiv abendländischer Erziehung geworden ist, wiederholt und bestätigt in Regeln und Weisheiten wie: „Wer sein Kind liebt, der züchtigt es" und „Was ein Häkchen ist, krümmt sich beizeiten".

So wird Sprache im Bereich der Erziehung meist recht einseitig und einschränkend genutzt. Es werden nicht alle Register dieses Instruments gezogen, sondern nur wenige, diese aber nachdrücklich und in eintöniger Wiederholung. Da ist das Sprachregister der Drohung, ein recht eintöniges und grobes Sprachraster. Und so bekommen es Kinder überall zu hören, gleichsam rund um die Uhr: „Warte nur ...; so, jetzt reicht's mir aber ...; jetzt sollst du mich mal kennenlernen ...; dir werd' ich helfen ...; jetzt ist das Maß voll (meine Geduld zu Ende) ...; gleich passiert was ...; du wirst schon sehen, was jetzt passiert ...; du bringst mich noch ins Grab (ins Krankenhaus usw.) ...; das wird dir noch leid tun ...; das werd' ich dir austreiben ...; du wirst ja sehen, wohin das führt ...; mit mir kannst du das nicht machen ...; du wirst noch dein blaues Wunder erleben ..." Diese Liste läßt sich leider beliebig verlängern. Auffällig ist einmal die Stereotypie und die Einfachheit bzw. Unvollständigkeit der Sätze, zum anderen die Vagheit und Unbestimmtheit der Drohungen, die kaum eingelöst werden. Der kommunikative Wert dieser redundanten und unbestimmten sprachlichen Drohgebärden ist äußerst gering. Viele Mütter etwa wären wahrscheinlich erstaunt und erschrocken, wenn man ihnen auflistete, was sie so im Lauf eines Tages ihren Kindern verbal androhen. Auch die Kinder nehmen die Sprache der Erwachsenen in dieser Form oder auch in anderen Formen nicht wahr. Sie hören nicht zu, es geht zum einen Ohr hinein und zum anderen hinaus, wie die Klage heißt.

In den Rahmen dieses Registers der Sprache der Erziehung gehören auch die direkten Drohungen. Sie sind wie alle Drohungen in der Erziehung einfache Sprachrituale, die sich dem verbreiteten Strafstil körperlicher Bestrafung nähern. Dabei steht die Sprache gleichsam anstelle der Schläge, oder sie leitet Schläge ein. Fast immer ist sie begleitet von expressivem Symbolismus, wie drohenden Gebärden, zornigem Gesichtsausdruck, erregter Stimme, wobei der Inhalt der sprachlichen Äußerungen ganz zurücktritt und kaum noch etwas zu sagen hat. Die Texte sind feste Stereotypen und Klischees: Jetzt fängst du eine ...; ich schlage dir eine 'rein ...; ich schlag' dich windelweich (grün und blau) ...; jetzt kriegst du sie, wie du sie noch nie gekriegt hast ... Wenn die Drohung die Einleitung der Strafe ist, und auch das geschieht häufig, wird sie nicht zu Ende gesprochen, sondern zu Ende geschlagen. Die Sprache bricht ab oder begleitet bruchstückhaft die körperliche Züchtigung: Dir werd' ich's zeigen, deinen Vater ...; da hast du noch eine ...; du unverschämter Lümmel ...; du bitterböses Kind ...; was fällt dir denn ein ...; willst du jetzt hören ...

Ein anderes verbreitetes Sprachregister ist der Befehl. Es fällt dabei auf, daß der Satzart nach Aussagesätze, Fragesätze und Befehlssätze nicht zu trennen sind. Fragen und Aussagen werden wie Befehle gebraucht. Auch in der Aussprache dieser

Sätze herrscht der Befehlston. Der Satz: Du kommst jetzt her, wird gewöhnlich nicht als Aussagesatz ausgesprochen, sondern als Befehl. Bei Fragen wird meist im Sprechen nicht der Frageton am Ende des Satzes hochgezogen und damit die Erwartung einer Antwort gezeigt, sondern schon im Satzton deutlich gemacht, was erwartet wird: Gehorsam. Wenn das Kind hört: Kommst du jetzt her?, dann weiß es, daß es nicht gefragt, sondern aufgefordert wird. Für den Erwachsenen und das Kind gibt es keinen Unterschied zwischen: Kommst du jetzt her?, Du kommst jetzt her, und: Komm jetzt her! Die Verarmung der Sprache zeigt sich auch darin, daß Befehle in der Erziehung auf Einwortsätzen, auf unvollständigen Sätzen beruhen und kaum jemals begründet werden. Für Befehle wird die rigideste und kürzeste sprachliche Form gewählt: Komm – geh – still jetzt – du folgst – iß jetzt – sitz gerade – bist du jetzt still? – du bist jetzt ruhig – beeil dich – mach schnell – sei brav – mach dich nicht schmutzig – lach nicht.

Es ist durchaus die Tendenz festzustellen, in der Erziehung mit möglichst wenig Sprache auszukommen. Ein verbreitetes Bewußtsein hält Erziehung um so besser und „gekonnter", je weniger sie sich auf Sprache einlassen muß. So kann man mit Aussicht auf Anerkennung durch die Gesprächspartner sagen: Unsere Kinder folgen aufs Wort – bei uns wird nichts zweimal gesagt – mein Mann braucht nur ... zu sagen (zu machen), dann wissen die Kinder, was es geschlagen hat – ein Blick genügt – bei uns gibt es kein Palaver, da wird pariert ...

Auch in der Öffentlichkeit läßt sich eine unterschiedliche Einschätzung der Sprache für die Erziehung immer wieder beobachten. Dafür ein Beispiel: Auf einem Spielplatz am Sonntagvormittag. Im Sandkasten spielen Kinder, auf den Bänken sitzen Väter. Als es 12 Uhr schlägt, steht ein Vater auf, geht zum Sandkasten und sagt zu seinem Kind: „Eben hat es 12 Uhr geschlagen. Mama wartet mit dem Essen auf uns. Wir wollen sie nicht warten lassen." Der Kleine will noch schnell einen Turm fertig machen, beeilt sich aber und ist in wenigen Minuten fertig und bereit mitzugehen. Inzwischen ist ein anderer Vater herangetreten, der bisher recht verächtlich dem Gespräch der beiden zugehört hat. Vor seinem spielenden Kind „baut er sich auf“, und als dieses aufblickt, schnickt er nur den Finger und sagt: „ssst!“ Ohne ein Wort läßt das Kind alles stehen und liegen und eilt dem stolz vorausgehenden Vater nach.

Die Insistenz des Befehlens, die jedes Sprachmuster in der Erziehung angleicht, ist auch im Fragen festzustellen. Auch die Fragen sind oft als Befehle oder Ermahnungen gemeint: Hast du dir die Hände gewaschen? Hast du deine Schularbeiten gemacht? Hast du die Schuhe ausgezogen? Hast du die Zeitung geholt? ... Die Fragen verlangen nur eine kurze Vollzugsmeldung oder das schnelle Erfüllen dessen, was durch sie gemahnt wird. Deshalb können sie auch dauernd wiederholt oder in ganzen Fragebatterien gestellt werden.

Insgesamt ist die Sprache in der Familienerziehung meist auf wenige Funktionen und ein einfaches Muster der Kommunikation beschränkt. Sie läßt sich als Einbahnstraße kennzeichnen, in der alle Impulse nur von der einen Seite kommen und die geringe Rückkoppelung nur bestätigenden Charakter hat. Belastend ist auch, daß die sprachlichen Äußerungen nicht umkehrbar sind, daß von vornherein feststeht, wer sie aussprechen kann und wer nicht. Andere Formen der Kommunikation werden abgewehrt. Die Abwehr ist deshalb auch ein wesentliches Sprachregister in der Erziehung: Ich hab' jetzt keine Zeit – das will ich jetzt gar nicht wissen – laß mich in Ruhe – das verstehst du doch nicht – das brauchst du nicht zu wissen – sei nicht so vorlaut – folge und rede nicht...

Wenn im Bereich der Familienerziehung die Erwachsenen einen sehr eingeschränkten Sprachstil praktizieren, der oft darauf hinausläuft, Sprache auf Sprachlosigkeit hin zu reduzieren, etwa eine sprachliche Aufforderung so weit zu verkürzen, daß am Schluß ein extraverbales Zeichen genügt (komm jetzt sofort her – komm her – komm – ssst), dann ist es um die Sprache auf der Seite der Kinder noch viel schlechter bestellt. Kinder gelten als tabula rasa, als unbeschriebene Blätter, die es in der Erziehung zu beschreiben gilt, aber mit einer einfachen und lesbaren Sprache, ohne Überforderung. Alle Aktivität, auch die sprachliche Aktivität, die vom Kinde ausgeht, erscheint nutzlos, wenn nicht bedenklich. Die geistige Entwicklung soll offenbar in kleinen Schritten erfolgen, „damit das Gemüt nicht gefährdet wird". Das alles hat den Anschein, als ob Kindsein ein seliger bewußtloser Zustand sei, den man durch Bewußtsein nur zum Schlechteren hin verändern kann, und daß man deshalb die Kinder immer „im Zaume" halten müsse.

Dies war vor allem im vorigen Jahrhundert unbestrittene und allgemeingültige Lehre, die überall affirmativ verkündet wurde. So heißt es etwa in „Die ersten Mutterpflichten" von Dr. F. A. v. Ammon (1860): „Die anhaltende geistige Beschäftigung ist in den ersten fünf bis sechs Lebensjahren schädlich. Kluge Kinder werden nicht alt, sagt das Sprichwort; in der Mehrzahl der Fälle hat dasselbe recht. Möchten die Mütter das beherzigen und die fröhliche Kindheit nicht stören! Die Mutter vermeide es, durch ein Übermaß von Eindrücken, von Sachen oder Worten die Sinne und das Gehirn ihres Kindes aufzuregen. Vor allem hüte man sich, Kindern die Erscheinung der Dinge methodisch zu zergliedern, denn die zu sehr genährte Wißbegierde wird so häufig zur Mörderin des Gefühls." [1]

Die Einstellung zur Sprache des Kindes war früher die der Diffamierung der kindlichen Sprache, soweit diese nicht ein von den Erwachsenen gewünschtes Sprachverhalten mit seinen Inhalten reproduzierte. Diese sprachliche Dressur wird oft noch eingeübt in kindlichen Rollenspielen, die ihnen aber auch traditionell als kindertümliche Literatur angeboten wird. So heißt es in einem Rollengedicht, in dem Kinder selbst Sprache und Verhalten internalisieren und im Rollentausch Sprachrituale fixieren:

Mein Püppchen spricht:
Ich schlaf' heut' nicht,
weil ich noch gar nicht müde bin!

---

[1] Zitiert nach: Eltern, Heft 7/1972.

Doch ich sag' barsch:
zu Bette, marsch!
und nun legst du dich hin!

Mein Püppchen ist,
daß ihr es wißt,
ein artig, wohlerzog'nes Ding.
Sie spricht: Papa!
Sie ruft: Mama!
und sie gehorcht mir flink![2]

Wie weit Kinder die ihnen angesonnene Kindersprache akzeptieren und reproduzieren, bleibt offen. Freilich war und sind die Honorierungen für und die Sanktionen gegen dieses Verhalten groß. Die Sprache, die Kinder tatsächlich untereinander benutzen, wurde und wird noch als Un-Sprache nicht zur Kenntnis genommen. Ihr wird als Gassensprache jeder Wert abgesprochen. Denn die Kindersprache wird nicht danach beurteilt, wieweit sie Kommunikation ermöglicht, sondern wieweit sie direkte Erziehungsakte darstellt. Das ist in den älteren Kinderbüchern besonders deutlich, in denen die Kinder ganz auf das Interesse der Erziehung festgelegt sind. So sieht dann etwa ein angebliches Schulespielen der Kinder aus:

Der kleine Schulmeister
Aufgepaßt und hingesetzt!
Hände hübsch gefaltet!
Daß ihr mir – ich rat' euch – jetzt
eure Schnäbel haltet!
Liese, wenn du nicht bald schweigst,
zupf' ich dich am Öhrchen,
Karl, wenn du dich vorlaut zeigst,
zeig' ich dir das Röhrchen ...[3]

---

[2] R. Zoozmann, zitiert nach: Heilwig v. der Mehden, Vor allem eins, mein Kind, Hamburg 1972, S. 14.
[3] R. Löwenstein, zitiert nach: Heilwig v. der Mehden, a.a.O. S. 94.

Eine Sprache, die Ausdruck einer sich als Erziehung verstehenden Disziplinierung ist, kann dem Kind keine eigene Sprachentfaltung erlauben, weil diese ja die eingeschränkte und kurzgeschlossene Erziehungssprache nur stören würde. Deshalb wird dem Kind auch eine Sprache als gut vorgestellt, die nicht „weitschweifig", sondern einfach und klar ist und das vorgegebene Raster nicht sprengt. Das bedeutet vor allem, daß das Fragen der Kinder als belastend empfunden und möglichst eingeschränkt wird. In den alten Büchern sind diese Tendenzen noch mit einer ganz erstaunlichen Offenheit und ohne jede Kaschierung ausgesprochen. Auch eine Begründung und Rechtfertigung wird erst gar nicht als nötig erachtet. Fragen gilt als Zeichen von Dummheit und kann verspottet oder bestraft werden.

So heißt es z. B. in dem Gedicht „Fragefritze und die Plappertasche":

Fritz, ich möcht' den Spaten haben.
„Mütterchen, warum?"
Möchte eine Grube graben.
„Mütterchen, warum?"
...

Ei, du mußt die Spatzen fragen,
die sind nicht so dumm! –
Kommt die kleine Plappertasche:
„Mütterchen, nicht wahr,
ich bin klüger als der Fritze,
bin schon bald sechs Jahr! ..."
...

Plappertasche, wische, wasche,
halt das Mäulchen zu!
Übermorgen in acht Wochen
kommt der Weihnachtsmann;

wenn du dann noch immer plapperst,
was bekommst du dann?
Einen großen Maulkorb![4]

Das Fragen und Plappern wird heute sicher nicht mehr mit so gutem Gewissen verboten. Auch sind die Kinderbücher nicht mehr so direkt, wo sie heute noch diese Tendenz verfolgen; sie liefern mehr Spielraum, sie sind psychologisch geschickter, aber auch sie machen die Mahnung, auf zu viel Reden und Fragen, auf Neugierde und Interesse zu verzichten, recht deutlich. In einem großen Ausmaß gelten allerdings auch heute noch alte Kinderbücher wie der Struwwelpeter. So ist zu erkennen, daß sich heute zwar im Bereich der Reflexion ganz deutlich ein gewandeltes Bewußtsein findet und die an den Beispielen gezeigte Praxis nur eingeschränkt öffentlich verteidigt, aber gleichwohl stärker praktiziert wird. Gegenüber der These, daß Kinder, die fragen und plappern, dumm sind, steht heute die These, daß Kinder, die nicht fragen und sprechen, dumm bleiben. In der Fernsehreihe Sesamstraße wird durch Lied und Reim eingeprägt:

Der, die das – wer, wie was,
wieso, weshalb, warum – wer nicht fragt, bleibt dumm.
Tausend tolle Sachen gibt es überall zu sehen,
manchmal muß man fragen, um sie zu verstehen!
Der, die das – wer, wie was,
wieso, weshalb, warum, wer nicht fragt, bleibt dumm[5].

Die Erziehungspraxis sieht freilich oft auch heute noch anders aus, obwohl ihr keine Theorie mehr entspricht, die ernsthaft vertreten wird. Das heißt, die Praxis hat keineswegs schon die Erkenntnisse und Ergebnisse der Erziehungswissenschaften eingeholt. Deshalb bilden die antiquiert scheinenden Maximen und Leitbilder früherer Generationen immer noch das Erziehungsraster, das weithin praktiziert wird. Denn gewöhnlich ha-

[4] P. u. R. Dehmut, zitiert nach: Heilwig v. der Mehden, a.a.O. S. 257f.
[5] Zitiert aus: Sesamstraße, Bd 1, Köln 1973.

ben die Kinder auch heute nichts zu fragen und nichts zu sagen. Die oft mehr das Elend der Erziehungswirklichkeit als eine überzeugende Alternative aufzeigenden Versuche emanzipierter Erziehung haben noch keine Türen geöffnet und sind auch dort, wo es nötig wäre, nicht angekommen. So gelten in der „nichtöffentlichen Meinung" der erzieherischen Praxis im Unterschied zur „veröffentlichten Meinung" der erzieherischen Theorien noch immer eher alte, eingeschliffene Redeweisen und Prinzipien: Wenn ich rede, hast du Pause – du redest erst, wenn du gefragt wirst – wenn Erwachsene reden, haben Kinder den Mund zu halten – mach lieber die Ohren auf und den Mund zu – halt doch mal die Klappe.

Auch heute ist es überall noch Erziehungspraxis, die Sprache des Kindes kurzzuhalten. Die Argumentation für dieses Verhalten geht konform mit der früheren Begründung, die meint, daß man nur etwas sagen soll, wenn man auch wirklich etwas zu sagen hat, und ein Kind hat eben – noch – nichts zu sagen. Mit der Autorität eines Spruches liest sich das so: Iß, was gar ist; trink, was klar ist; red, was wahr ist. Ebenso beherzigenswert gilt der „deutsche Rat" für frühere Kindergenerationen, in dem es in einer Strophe heißt:

Sprich ja und nein, und dreh und deutle nicht;
was du berichtest, sage kurz und schlicht;
was du gelobest, sei dir höchste Pflicht;
dein Wort sei heilig, drum verschwend es nicht!

Den Kindern Sprache als etwas vorzuhalten, das man nur ganz sparsam benutzen, das man nicht verschwenden darf, das man nicht üben darf, das man sozusagen auf Anhieb gleich in Reinschrift schreiben muß, das bedeutet, ihnen die gewünschte Kraft und Klarheit doch zu verweigern. Denn wie soll man zur Wahrheit kommen, wenn man in der Sprache nicht um sie ringt, wenn man sich nicht mit ihr auseinandersetzt, wenn man nicht lernt, sie in der Sprache zu entfalten? Die Forderung, daß man nur dann etwas sagen darf, wenn man etwas zu sagen hat, klingt der These sehr verwandt, daß nur etwas zu sagen hat, wer „das

Sagen hat". Und wer das Sagen hat, das ist eine Machtfrage. Interessant ist unter diesem Verständnis auch das Problem, wie das eingeübte Schweigen dann auf einmal umschlagen soll in kompetentes Sprechen. Hier liegt ein Trugschluß vor, den folgende Anekdote verdeutlicht. Ein Kind, das schon vier Jahre alt ist, hat zum Kummer seiner Eltern noch kein Wort gesprochen. Eines Tages sagt es ganz plötzlich beim Frühstück, als es sein Ei vor sich hat: „Hier fehlt das Salz." Die Eltern sind ganz entzückt und rufen: „Das Kind kann ja sprechen." Dann fragen sie es aufgeregt: „Warum hast du denn bisher nie etwas gesagt?" Worauf das Kind antwortet: „Bisher war ja auch alles in Ordnung."

Die Praxis der Spracheinschränkung des Kindes läßt sich nicht anders erklären, als daß dem Kind ja nichts fehle, das es aus- und anzusprechen habe, daß alles, was seinem Gedeihen und seiner Entwicklung dienlich sei, von den Erwachsenen, zumal den Eltern, bereitgestellt werde. Das Kind habe also gar keinen Grund, sprachliche Aktivität zu entfalten. Die Sprache des Kindes ist damit natürlich auch nicht gefordert. Wie Erwachsene die Kindersprache einschätzen, ist daran zu erkennen, wie sie mit Kinder sprechen. Es ist eigenartig, zu beobachten, wieweit diese „Verstellung nach unten" reicht und wie albern und dümmlich Erwachsene reden, wenn sie den „Ton" der Kinder treffen wollen, die ihrerseits darin eine besondere Eigenart und Schwäche der Erwachsenen sehen müssen. So ähnlich verhalten sich Erwachsene auch etwa gegenüber ausländischen Arbeitern mit einer verstümmelten Sprache und einem freiwilligen Radebrechen, das manchen Ausländern den Eindruck vermitteln muß, viele Deutsche verstünden ihre eigene Sprache nicht oder mit der deutschen Sprache sei es eben doch nicht weit her. Noch stärker freilich muß die Überzeugung sein, Sprache werde ihnen verweigert oder nicht zugetraut und deshalb ein primitives Kauderwelsch angeboten, das für sie gut genug und ausreichend sei.

So pendeln Kinder oft zwischen zwei Sprachmodi. Da ist einmal die Kindersprache, die ihrem Alter angemessen erscheint und für die man sich, zum Teil zu Recht, auf umfangreiche sprachpsychologische Untersuchungen berufen kann, nach denen sich die Sprachentwicklung des Kindes in altersspezifischen Phasen vollzieht. Über den hilfreichen Erkenntnissen der sprach- und alterspsychologischen Entwicklung des Kindes darf aber nicht vergessen werden, daß es sich hier nicht um Naturgesetze handelt, die sich immer und für alle gleich vollziehen, unveränderbar und exakt festzustellen. Sonst besteht die Gefahr der „selbsterfüllenden Prophetie", daß man das, was man prophezeit, im Bann dieser Prophezeiung erwartet und nachher auch verwirklicht. Man kann auch Erscheinungen in die kindliche Entwicklung hineinprojizieren. Märchenalter, Robinsonalter, Trotzphase usw. sind nicht eindeutig festzulegen, sondern von vielen veränderbaren Faktoren abhängig. Deshalb ist es einseitig, zu meinen: jetzt brauchen die Kinder Robinsongeschichten, weil sie in das Robinsonalter kommen; oder: jetzt muß ich die Kinder strenger halten, weil sie in das Trotzalter kommen. Das ist genausowenig kritisch reflektiert wie der Satz eines neunjährigen Jungen, der in einem populärwissenschaftlichen Erziehungsbuch schmökert und zu seinem jüngeren Bruder sagt: „Ich freue mich schon auf das nächste Jahr. Da komme ich in eine ganz tolle psychologische Phase hinein." So kann man auch nicht einfach davon ausgehen, daß es eine defizitäre Kindersprache gibt, die sich in natürlichen Entwicklungsschüben zur Erwachsenensprache mausert, und man also die Kindersprache auf sich beruhen lassen kann.

Im Unterschied zum demonstrativen Unernst der Kindersprache, die Kinder in ihren Ansprüchen und Möglichkeiten notwendigerweise frustriert, steht der Sprachmodus des Erwachsenen. Die Kinder pendeln deshalb zwischen diesen Modi, weil die Kindersprache ihnen mehr angesonnen als von ihnen gewählt ist und weil die Erwachsenensprache für sie auch nicht gilt. Sie gebrauchen sie, oft ritualisiert, und erscheinen dann altklug, wie man belustigt oder bedauernd feststellt. Die Sprache im sprachlichen Niemandsland des Kindes gilt aber auch als Sprache des enfant terrible, wobei sich Belustigung mit Ärger mischen kann. Die Belustigung ist dann stärker gegenüber den literarischen Formen bei Zazie, Klein Erna und den vielen Rubriken „aus Kindermund“ in Zeitungen und Zeitschriften, und der Ärger größer mit der eigenen Erfahrung, wenn Kinder „unverantwortlich“, „ohne Rücksicht“ und „ohne Verständnis“ daherreden.

Kinder, die sprachlich in ihrem eigenen kulturellen und sozialen Kontext retardiert sind und werden, neigen dazu, Kinder- wie Erwachsenensprache ritualisiert zu gebrauchen. Das geschieht den Erwachsenen gegenüber nicht selten bewußt und ironisch. Es gibt überall entlarvende Beispiele dafür. Ein kleiner Junge geht mit seiner Mutter durch die Stadt. Überall bleiben sie vor den Geschäften stehen, und der Junge sagt: „Mutti, wenn ich groß bin, dann kaufe ich dir das schöne Auto ... das schöne Kleid ... den schönen Pelz ...“ Die Mutter macht gern und etwas gerührt dieses Spiel mit, bis der Junge sie mit einemmal anschaut und ganz trocken sagt: „Ja, ja, so macht man halt seine Pläne.“

Das Eingehen der Eltern auf das Sprechen der Kinder ist auch nur partiell und schließt auch heute Fragen weitgehend aus. Es gilt wie eine Erfahrungsregel, wer sich auf die Fragen von Kindern einlasse, locke nur neue Fragen heraus, und das führe nur zu verlorener Zeit. Solche Erfahrungen werden zwar nicht mehr in den Medien und überhaupt nicht mehr offiziell verkündet, aber im privaten Gespräch hört man sie häufig. Da ist eine Mutter mit ihrem Kind beim Einkaufen. Das Kind fragt viel, und die Mutter antwortet. Eine andere Kundin, die eine Zeitlang zugehört hat, wendet sich mit dem Rat an sie: „Reden sie nur nicht soviel mit dem Kind. Wenn man Kindern dauernd Antwort gibt, wird man sie nie los. Die fragen immer weiter.“ Im folgenden Gespräch erklärt sie ihre Erfahrung. „Ich habe meinen Kindern einfach keine Antwort mehr gegeben. Da sind sie schon von selbst vernünftig geworden und haben aufgehört zu fragen. Es kommt gar nichts dabei heraus, wenn man Kinder so verwöhnt. Für so etwas habe ich auch keine Zeit gehabt. Ein Kind muß lernen, den Mund zu halten. Dann hört es auch zu, wenn man ihm etwas sagt.“ Andere Begründungen sind die, daß Kinder ja gar nicht im Ernst fragen, sondern nur um einen selbst in Verlegenheit zu bringen. Kinder stellen angeblich meist Fragen, die man nicht beantworten kann. Manchmal absichtlich, wie das Beispiel von dem Berliner Jungen berichtet, der seinem Vater in der Straßenbahn eine Frage nach der anderen stellt und jedesmal, wenn der Vater passen muß, triumphierend sagt: „Siehste, Vater, weeste nich!“ Jedenfalls gibt es eine Definition von Kindheit, die besagt: Die Kindheit ist dann zu Ende, wenn ein Kind Fragen stellt, die ein Erwachsener beantworten kann.

Auf die Fragen der Kinder nicht einzugehen, bis sie von selbst stiller werden, das ist eine Praxis, die sich über die Familie hinaus auch in andere Erziehungsbereiche fortsetzt. Hier ist nicht zuletzt die Schule gemeint. Oft genug wird das viele „Sichmelden“, das „Dazwischenreden“, „Sichvordrängen“, die „Fragerei“ vom Lehrer als irritierend, als Störung des Unterrichts, als Belästigung, als Unterbrechung gesehen, als Beeinträchtigung der Erziehungsaufgabe. Sie schränken die „Fragezeit“ ein oder schließen sie aus: Hände runter – nicht mehr melden – nein, ich nehme keinen mehr dran – Schluß jetzt – nein, ich will jetzt nichts mehr hören. Es besteht ein direkter Zusammenhang zwischen diesem „beruhigenden“ Verhalten in den unteren und folgenden Klagen vor den oberen Klassen: Was sitzt ihr denn so träge und stumpfsinnig da? – interessiert euch doch! – beteiligt euch doch am Unterricht! – habt ihr keine Fragen zu stellen? – euch interessiert auch gar nichts...

Mit dem „Austrocknen“ und der Abwehr des kindlichen Fragens und mit der Blockierung der kindlichen Aktivität im Sprechen wird der Horizont des Kindes reduziert, die kindliche Wahrnehmungswelt schrumpft. Mit der Wahrnehmung, mit der Differenzierung, die in der Sprache liegt, strukturiert sich auch die Umwelt. Das bedeutet konsequenterweise umgekehrt, daß jeder, der behauptet, ein Kind braucht von sich aus keine Sprachaktivität zu entfalten, auch davon ausgehen und behaupten muß, für das Kind sei seine Welt heil und alles in besten

Händen. Genau dies ist lange Zeit affirmativ und emphatisch behauptet worden und hat seinen Niederschlag bis in die Gegenwart in der Heimatkunde als Prinzip und Unterrichtsfach gefunden. Die Abhängigkeiten des Kindes, die wie die Abhängigkeit eines Baumes von seinen Wurzeln interpretiert werden, zeigen sich nach der Darstellung einer „neuzeitlichen Heimatkunde" im wesentlichen als ein „Eingebettetsein in das Wohlwollen der Mitmenschen, besonders der Familienmitglieder ..., und in einer Übernahme der Gefühlsreaktionen und Stimmungen der Erwachsenen. Ein schlichtes Mitleben und ein schlichtes, nachahmendes Erleben gemütsmäßiger Abläufe ist in emotionaler Hinsicht das Wesentliche in der Heimaterfassung des Unterstufenkindes."[6] Dabei kann man dann in der Tat mit einem sehr einfachen sprachlichen Apparat und mit einem sehr beschränkten Sprachvermögen auskommen. Freilich ist es heute auch und gerade Kindern gegenüber nicht mehr zu verantworten, von einer derart heilen Welt auszugehen, die das Kind vor der Ausbildung seiner eigenen Persönlichkeit schon zur Selbstaufgabe auffordert wie in dem älteren Kindergedicht, das ein komplexes Erziehungsgeschehen zur Idylle verfälscht.

Wie gut doch alle Menschen sind,
wie freundlich allerwegen;
denk einmal nach, mein liebes Kind,
was tust du denn dagegen?
Du kannst nicht viel, du bist noch klein,
doch kannst du immer dankbar sein
und höflich und bescheiden –
das mag ein jeder leiden.

Es ist gar nicht der Gemütsbildung gedient mit der „schlichten Einfalt" des Sprechens und noch mehr des Zuhörens, sondern einem Gehorsam, der fraglos ist. Dieses fraglose Gehorchen in der Erziehung ist nicht zu unterscheiden vom

---

[6] F. Gärtner, Neuzeitliche Heimatkunde, München 4/1969, S. 13.

Ungehorsam und vom Protest, sondern von einem fragenden, verstehenden und einsichtigen Verhalten in der Erziehung. Die Verkürzung der Sprache in der Kindererziehung, die Abwehr von Fragen, die Verweigerung von Erklärungen lassen die Kinder keine Zusammenhänge erkennen, sie befähigen sie nicht zu eigener Orientierung und Verantwortung. Aber immer wieder kommt es zu Verweigerung sprachlicher Kommunikation in der Erziehung.

Jede Erziehungssituation kann verschiedene Sprachmuster herausfordern. Beispiel: Eine Mutter steigt mit ihrem Kind in einen Omnibus. Sie möchte, daß ihr Kind sich gut hinsetzt, damit es während der Fahrt nicht herunterfallen kann. Mütter verhalten sich dabei unterschiedlich. Zwei Tendenzen treten hervor, die im folgenden skizziert sind.

Fall A	Mutter:	Setz dich jetzt fest hin!
	Kind:	Warum?
	Mutter:	Du sollst dich fest hinsetzen!
	Kind:	Warum?
	Mutter:	Weil ich es so will! Halt endlich den Mund und tu, was ich dir sage.
	Kind:	Warum?
	Mutter:	Weil du sonst eine fängst. Jetzt ist meine Geduld am Ende, du ungezogener Fratz.
Fall B	Mutter:	Setz dich jetzt bitte gut hin.
	Kind:	Warum?
	Mutter:	Weil du sonst leicht herunterfällst.
	Kind:	Warum?
	Mutter:	Paß einmal auf. Wenn der Bus jetzt anfährt, wirst du merken, wie du einen kleinen Ruck nach hinten bekommst.
	Kind:	Na und?
	Mutter:	Wenn der Bus während der Fahrt plötzlich bremsen muß, dann gibt es einen starken Ruck nach vorn.
	Kind:	Da muß ich mich aber fest hinsetzen.

Es ist keineswegs gleichgültig, auf welche Weise das Ziel erreicht wird, sich richtig hinzusetzen, und es ist auch kein Gewinn, wenn ein Kind eben aufs Wort gehorcht. In diesem wie im Falle A lernt das Kind, daß man den Personen, die Macht haben und Zwänge ausüben können, folgen muß, ob man das, was gefordert wird, einsieht oder nicht. Im Falle B erkennt das Kind Zusammenhänge, es sieht ein, warum es etwas tun soll, und lernt, auch in Situationen sich richtig zu entscheiden, in denen die Eltern nicht dabei sind. Dazu müssen freilich nicht zuletzt auch sprachliche Kurzschlüsse wie die des „warum? – darum!" behoben werden.

Sprache und Identität – Sozialisation in der Kindheit

In unserer Gesellschaft werden unterschiedliche Erziehungsverhalten praktiziert, denen ein unterschiedliches sprachliches Verhalten entspricht und die unterschiedliche Einflüsse auf die Sprachfähigkeit und Sprachentwicklung der Kinder haben. Die Erziehungspraktiken, die zu einer sprachlichen Benachteiligung führen, sind sehr verbreitet. Dies ist um so erstaunlicher und bedenklicher, als heute kaum mehr irgendwo Argumente für die sprachverweigernde Erziehungspraxis vorgetragen oder verteidigt werden, sondern im Gegenteil über alle Medien, wenn auch oft primitiv und mit untauglichen Mitteln, Aufklärung betrieben wird. Wenn trotz fehlender oder brüchiger Begründung, die sich auch darin zeigt, daß isolierte und zusammenhangslose Sprüche und Regeln übriggeblieben sind, an die man sich blind hält, gleichwohl ein Insistieren auf etwas besteht, das wissenschaftlich längst überholt ist, dann muß man sich fragen, wodurch denn diese Praxis bestimmt wird. Wenn die „programmierte Sprachlosigkeit“ oder die „programmierte Spracheinfalt“ keine Fürsprecher hat, warum ist sie dann immer noch so verbreitet in der frühkindlichen Erziehung?

Ganz gewiß kann man den „Schwarzen Peter“ nicht einfach den Eltern zuschieben und ihnen bösen Willen, Lieblosigkeit und Versagen vorwerfen. Man zieht einen Vorhang vor die wirkliche Problematik, wenn man unterscheiden will zwischen guten Eltern, die etwas für ihre Kinder übrighaben und Zeit, Mühe und Verständnis in sie investieren, und schlechten Eltern, die sich um ihre Kinder nicht kümmern, die nicht auf sie eingehen und sie nicht führen.

An Appellen und Bemühungen von der Art einer moralischen Aufrüstung fehlt es nicht. Und sicher fehlt es auch nicht an gutem Willen dort, wo die Appelle ankommen. Aber oft kommen sie nicht an, und oft tragen schlechtes Gewissen und guter Wille nicht auf die Dauer. Die Appelle kommen meist mit ihren Leitbildern und Modellen deshalb nicht an, weil sie an der Realität vorbeigehen. Man nimmt sie mehr als Surrogat, als Unterhaltung – Mach dir ein paar schöne Stunden! – und nicht als Hilfe.

Die zahllosen Musterfamilien, die in Filmen und im Fernsehen, in Zeitschriften und Büchern vorbildliches Erziehungsverhalten demonstrieren – von der „Familie Schölermann", der „Trapp-Familie" und dem „Forellenhof" zu „Vater ist der Beste" und „Mutter ist die Allerbeste" –, leben meist mit idealen Voraussetzungen. Die Wohn- und Lebensverhältnisse sind ausgezeichnet: eigenes Haus mit allem Drum und Dran, viel Natur, permanent ferienähnliche Freizeitsituation, dienstbare Helfer... Und trotz der Freiheit der Autoren, sich alle Voraussetzungen schaffen zu können für ihre Erziehungsdemonstration, neigen sie immer mehr dazu, sich vor der normalen Familienstruktur, auch bei möglicher guter sozialer, kultureller und materieller Ausstattung, zu drücken. Sie bevorzugen unvollständige Familien, und offenbar kommen sie auch besser an. Die Familienkonstellation wechselt: einmal ist der Vater mit den Kindern allein, oder die Mutter mit den Kindern, oder die Mutter mit Großvater und Kind, oder nur der Großvater mit dem Enkel, oder der ältere Bruder mit dem jüngeren Bruder, oder die Tante...

Es ist doch eigenartig, daß Erziehung besser zu gelingen scheint oder wenigstens besser in den Medien darzustellen ist, wenn nicht eine vollständige Familie dabei beteiligt wird. Das setzt sich auch in allen erfolgreichen Comic-Reihen für Kinder fort, ganz abgesehen von Erfolgen quer durch die Medien wie „Pippi Langstrumpf". Donald Duck hat es als Onkel mit seinen Neffen zu tun, Fix und Fox leben gleichfalls bei ihrem Onkel, und Lupo hat sich nur mit den Erziehungsbemühungen der Tante Eusebia auseinanderzusetzen.

Warum geben „gewöhnliche“ Familien so wenig her für die Darstellung einer besseren und interessanteren Erziehung? Offenbar unterliegen Familien in ihrer Erziehungspraxis nicht den freien und individuellen Entscheidungen der Eltern, sondern sind in einem äußeren und inneren Rahmen festgelegt. Der äußere Rahmen ist bestimmt durch die kulturellen, sozialen, ökonomischen und politischen Verhältnisse, in der die Familien leben, von denen sie abhängen und die in sie hineinwirken. Der innere Rahmen ist bestimmt durch die Familienstruktur, durch Rollen in der Familie, durch die Funktion, die sie ausübt. Das Sprachverhalten in der Familie ergibt sich wesentlich aus ihrer äußeren und inneren Struktur und nicht allein aus Charakter, Temperament und Neigung der Familienmitglieder.

So hängen Art und Umfang des Sprechens in der Familie von den Sprachsituationen und Sprachanlässen ab. Eine formale Voraussetzung dafür ist, daß Eltern und Kinder oft zusammen sind. Das wäre der Fall, wenn alle Mahlzeiten gemeinsam eingenommen werden, wenn die Eltern mit ihren Kindern abends zusammen sind, wenn sie ihre Freizeit und das Wochenende gemeinsam verbringen. Gemeinsame Mahlzeiten bieten zweifellos aufgelockerte und günstige Gesprächssituationen, und Tischgespräche können außerordentliche geistige Impulse geben, was ja auch die Beliebtheit der sogenannten Arbeitsessen zeigt. Aber wie sich das Essen als günstige „Gesprächsatmosphäre“ in der Wirtschaft und der Politik anscheinend nur auf höherer und höchster Ebene arrangieren läßt, so ist die pädagogisch fruchtbare Situation, während des Essens miteinander reden und in einem offenen Horizont mit breiter Rückkoppelung kommunizieren zu können, Familien offenbar nur unter bestimmten Voraussetzungen möglich. Ein gemeinsames Frühstück können sich berufstätige Familien nur an Feier- oder Ferientagen leisten. Am ehesten ist die Familie noch beim Abendessen zusammen, aber da wollen viele Erwachsene „ihre Ruhe haben“ nach den Belastungen und Anstrengungen des Tages. Bei vielen Familien ist es so, daß sie überhaupt nicht mehr zusammen essen und miteinander reden.

Der Spielraum sprachlicher Kommunikation in der Familie schrumpft. Die Kinder sind, von der Familie her gesehen, zusehends sich selber überlassen. Die Zeit, die Eltern in der Woche mit ihren Kindern zusammen sind, ist manchmal auf wenige Stunden beschränkt. Wir sprechen von Schlüsselkindern, wenn beide Eltern berufstätig und die Kinder schulpflichtig sind. Aber auch der reduzierte Kontakt außerhäuslich beanspruchter Eltern, der sich eher als stichprobenhafte Überwachung kennzeichnen läßt, ist auf ein Mindestmaß von Sprechen beschränkt. Dabei ist der persönliche und damit der intensive sprachliche Kontakt der Eltern mit ihren Kindern eine Quelle geistiger Anregung und Forderung, die durch nichts zu ersetzen ist, auch nicht durch nachträgliche isolierte Kreativitätsübungen. Die Kreativität wird in Prozessen frühkindlicher Identitätsbildung entfaltet, und nicht in organisierten kompensatorischen Bemühungen. Denis Lawton hat in der Untersuchung „Soziale Schicht, Sprache und Erziehung“ Untersuchungen angegeben, die zeigen, welchen Einfluß elterliche Zuwendung zum Kind auf dessen Intelligenzentwicklung und sprachliche Entwicklung haben. Danach war bei Kindern mit gleicher Sprach- und Intelligenzentwicklung im Alter von 3–4 Jahren aus dem Waisenhaus bzw. aus Heimen, wenn sie in Familien kamen und dort geistige und sprachliche Anregungen fanden (Gespräche, Ausflüge usw.), in kurzer Zeit eine auffällige Verbesserung der Sprachentwicklung (größere durchschnittliche Satzlänge, Wortschatz usw.) und des Intelligenzquotienten festzustellen, während die Kinder in Heimen bei geringeren Anregungen und sprachlichen Kontakten noch weiter verarmten und absanken. Diese Tendenzen sind in weitem Maße seit den Untersuchungen von René Spitz über den Hospitalismus von Heimkindern untersucht und belegt.

Eine weitere Belastung für die Sprachförderung in der Familie sind die Wohnungen. Zur Anklage von Heinrich Zille gegenüber den Berliner Slums der Kaiserzeit, mit einer Wohnung könne man Menschen umbringen wie mit einem Beil, ist die analoge Behauptung begründet, daß man mit einer Wohnung

Sprache und Kommunikation verhindern oder unterdrücken kann. Das bezieht sich nicht nur auf die Größe der Wohnung, bei der sie, wie bei vielen Gastarbeitern, zum Elendsschlafquartier werden kann. Auch die Struktur der Wohnung zeigt oft eigenartige Tendenzen, die Kommunikation einschränken. Der gewöhnlich größte Raum ist das Wohnzimmer. Das scheint ein Prestigefaktor zu sein, denn in den Wohnungsangeboten wird immer die Quadratmetergröße des Wohnzimmers herausgestrichen, die der anderen Räume nicht. Das Wohnzimmer aber wird nur wenig genutzt. Besonders die Kinder haben darin nichts zu suchen. Die „Rush-hour" des Wohnzimmers beginnt mit der Heimkehr des Vaters und dem abendlichen Fernsehen, worauf schon Alexander Mitscherlich hingewiesen hat. Die am intensivsten benutzten Räume einer Wohnung sind gewöhnlich das Kinderzimmer und die Küche, und diese Räume sind fast immer die kleinsten. Dort muß dann jede Aktivität, die dann später als Defizit den schönen Namen Kreativität erhält, und das Sprechen wegen des sofort unerträglichen Lärmpegels eingeschränkt werden. Das Wohnzimmer ist ohnehin eine Art „Fürstenzimmer ohne Hintergrund" (Mitscherlich).

Der Familie wird oft eine Schutz- und Hilfsfunktion für die Kinder zugesprochen. Sie schütze das Kind vor dem „Ernst des Lebens" und bereite es zugleich auf ihn vor. Sie biete dem Kind einen Intimbereich und einen „emotionalen Spannungsausgleich". Doch ist die Familie keineswegs der Schonraum, als der sie gewöhnlich gilt. In die Familien wirken gesellschaftliche Einflüsse hinein. Und der emotionale Spannungsausgleich besteht häufig in einem Abreagieren an den Schwächsten, also an den Kindern. Das kann bis zu neurotischen Störungen reichen, die an den Kindern ausgetragen werden, wie Richter in seinem Buch „Eltern, Kind und Neurose" dargestellt und analysiert hat. Kinder, die in Identitätskrisen der Eltern einbezogen werden, können dabei sicher keine eigene Identität entwickeln. Auch macht die angestaute Aggressivität in der Gesellschaft nicht vor der Familie halt. Sie ist, wenigstens teilweise, in die große „Hackordnung" der Gesellschaft einbezogen. Die Kehrseite des Schonraums Familie kann darin bestehen, daß in diesem Schonraum das Kind Schaden nimmt in seiner Persönlichkeitsentwicklung, und zwar Schaden in seelischer, geistiger und körperlicher Hinsicht. In straffälligem Ausmaß trifft das nur für einen kleinen Teil der Kinder zu, aber auch hier ist die Statistik erschreckend. Im Jahr 1971 wurden in der BRD 1512 Kinder schwer mißhandelt, über 100 Kinder zu Tode geschlagen. Dazu kommen 906 erwiesene Fälle von Kindesvernachlässigung. Da die Dunkelziffer besonders hoch ist und nach dem Urteil von Fachleuten von 18 bis 20 Fällen schwerer Kindsmißhandlung nur einer bekannt wird, kann man davon ausgehen, daß jährlich mehr als 30000 Kinder schwer mißhandelt werden (statistisches Material und Bericht: Spiegel 10/1973). Die Folgen für die Entwicklung des Kindes sind in 3 Phasen zu nennen. Angst, Störung der Persönlichkeit (z.B. Kontaktschwierigkeiten, Nervosität), Zerstörung der Persönlichkeit (Regression oder Aggression).

Auch ein das Kind unterdrückendes Erziehungsverhalten, das unter der Schwelle der Strafbarkeit liegt, schadet dem Kind in analoger Weise. Hier handelt es sich um ein allgemeines Verhalten, das Millionen Kinder betrifft. Und es wäre auch völlig falsch, von einem böswilligen und unverantwortlichen Verhalten der Eltern sprechen zu wollen, da die soziale und kulturelle Umwelt in weitestem Sinne dieses Verhalten lenkt und bestimmt. Die Eltern reagieren ihren Kindern gegenüber mehr, als daß sie agieren. Dieses Reagieren reicht von dem überbeanspruchten Erwachsenen, dem „die Nerven durchgehen", über den, der das Kind abwimmelt, weil er „keine Zeit hat", bis zu den Berufstätigen, die den Druck, unter dem sie stehen, rationalisiert weitergeben als Erziehung: Warum ist hier noch nicht aufgeräumt? – bei uns herrscht Ordnung – hier bestimme immer noch ich – solange du deine Füße unter meinen Tisch streckst, hast du zu tun, was ich dir sage ...

Die Familie hat die entscheidende Aufgabe der Entfaltung der kindlichen Persönlichkeit und Identität, womit die Entwicklung einer elaborierten Sprache untrennbar verbunden ist.

Dabei ist sie belastet durch die Desintegration und die Funktionsverlagerungen, welche die Familie im Lauf der gesellschaftlichen Entwicklung erfahren hat. Diese Veränderungen betreffen die Familie unter dem Gesichtspunkt des äußeren Systems. Die soziale Desintegration bezieht sich auf das Heraustreten der Kernfamilie, also der Eltern und ihrer Kinder, aus den Bindungen an die Verwandtschaft. Der Einfluß der Verwandtschaft und die Kontakte zu ihr gingen zurück. Im Zusammenhang damit stehen auch die Funktionsveränderungen der Familie. Die Familie ist in den meisten Fällen keine Produktionsgemeinschaft mehr. Ihre Erziehungsfunktionen muß sie mit anderen Erziehungsinstitutionen wie der Schule teilen. Durch die Struktur- und Funktionsänderungen der Familie sind die Möglichkeiten der Erziehung und der sprachlichen Kontakte in der Familie eingeschränkt und belastet.

Zur erzieherischen und sprachlichen Belastung der Familie gehört es, daß die Zahl der Kontaktpersonen für die Kinder zurückgegangen ist. Früher, zumal in der ländlichen Großfamilie, die mehrere Generationen und Verwandte umfaßte, hatten die Kinder Kontakt mit vielen Erwachsenen in der Familie, das heißt, sie konnten sich viel eher die „Sozialisationspersonen" wählen, mit denen sie sich am besten verstanden, z.B. die Großmutter oder einen Onkel. Heute tritt selbst der Vater seinem Kind oft wie ein Fremder gegenüber, das heißt, er ist nur selten da und zu sprechen. Und wenn es auch übertrieben sein mag, daß Mitscherlich in der „vaterlosen Gesellschaft" den Vater als „periodisch auftretenden Störenfried" in der Familie bezeichnet, so lernen viele Kinder ihren Vater nicht in seiner Berufsrolle kennen. Auch bei der berufstätigen Mutter sind die Kontakte zum Kind eingeschränkt. Aber auch die Mutter als Hausfrau, die ganz für die Kinder da ist, erfährt eine schwerwiegende Belastung. Die Großfamilie als produzierende Familie stellte einen weiten Erfahrungsraum dar mit vielfältiger Kommunikation. Die Kernfamilie bietet meist nur einen sehr eingeschränkten Raum für Erfahrungen. Das bekommt auch die Hausfrau zu spüren, die ihre vereinfachte Hausarbeit wie

Gummi dehnen muß, um das Bewußtsein des Tätigseins zu haben, wie Betty Friedan im „Weiblichkeitswahn“ die geistige und seelische Verarmung und die Identitätskrise der Frau beschreibt, die dann ihren Kindern auch nicht helfen kann.

Wie wenig Kinder in einer Familie angesprochen, herausgefordert und gefördert werden können, wie eingeschränkt die Möglichkeiten der Wahrnehmung und Artikulation, der Aktivität und des Sprechens sind, ist bei den Kindern zu beobachten, die in der Familie ihre Zeit abwarten, bis sie in den Kindergarten oder in die Schule gehen können. Wie oft verstreicht ungenutzt die Zeit des größten Lerneifers und der größten Lernfähigkeit. Wie oft werden Möglichkeiten einer intensiven und breiten Entfaltung von Begabungen vertan, die später nicht mehr erneut aufzurufen sind. Die Kinder verarmen, und im nachhinein gelten sie als wenig begabt. So sieht ihr Alltag aus: Wenn sie wach sind und bereit, voller Interesse und Aktivität sich ihrer Umwelt zuzuwenden, zu lernen, Kontakte aufzunehmen, Erfahrungen zu sammeln, dann beginnt ein zähes und ermüdendes Ringen um die Behinderungen: Stör nicht – sei nicht so laut – mach dich nicht so schmutzig – das geht jetzt nicht – das ist zu gefährlich – da hast du nichts zu suchen – das geht dich nichts an ... Die Aktivität, das Lern- und Erkenntnisinteresse des Kindes wird umgedeutet als Unerzogenheit, als Nervosität, als Frechheit ... Noch in der weitesten Öffentlichkeit gelten Kinder als brav, lieb und gut erzogen, die zur Resignation gebracht wurden, zur Passivität. Ein weitverbreitetes Verständnis von Erziehung läuft auf die Programmierung einer Inaktivität des Kindes hinaus, die Kreativität, Spiel- und Sprachimpulse wie Lerninteresse blockiert. Mit der Programmierung des Kindes, von dessen Aktivität man sich gestört und belastet fühlt, zur Sprach- und Handlungslosigkeit ist man nie zimperlich gewesen. Von den Kleinkindern, die im Frühkapitalismus durch ihre Aufsichtspersonen mit Alkohol oder sogar Opium ruhig gemacht wurden, reicht ein Bogen zu den Eltern unserer Zeit, die die Probleme ihrer Kinder guten Gewissens mit Medikamenten beruhigen wollen. Dazu gehört auch der steigende und allgemein beklagte und als gefährlich empfundene Drogenmißbrauch von Kindern, die der Öde und Langweiligkeit ihrer Kindheit entrinnen wollen, in der nur ein einziges Spiel gilt: das Warten auf das Erwachsensein. Dieses jahrelange Warten wird weder mit dem Surrogat reichlich bemessener Taschengelder versüßt und erleichtert noch durch strenge Disziplinierung vereinfacht: Du bleibst jetzt still sitzen und rührst dich nicht – keinen Mucks! ...

Der primäre Bereich der Familie, in dem das Kind lebt, hat im Lauf der Zeit selbst Funktionsverluste und Funktionsverlagerungen erfahren, die ihn als Erfahrens- und Lebensbereich verarmen und leer werden lassen. Das verstärken die Eltern noch, die in gutgemeintem Bemühen, ihre Kinder abzuschirmen vor Reizüberflutungen und Informationsfluß, dem Kind in der Familie Eindrücke und Anregungen verwehren. So empfinden es manche Eltern als positive Entscheidung, wenn sie sagen: Solange die Kinder klein sind, schaffen wir uns keinen Fernsehapparat an und verzichten auch selbst auf das Fernsehen, um sie nicht in Versuchung zu führen. Ähnliches Verhalten bezieht sich auf Illustrierte, Zeitungen, Rundfunk. Damit wird eine Isolierung verstärkt, die ohnehin Eltern mit kleinen Kindern trifft und die sie ansprechen, wenn sie klagen: Seit wir kleine Kinder haben, kommen wir nicht mehr ins Theater, zu Vorträgen, Einladungen, Veranstaltungen ...

Von der „Abschirmung“ der Familie sind alle Familienmitglieder besonders betroffen, die sonst wenig Kontakte in anderen gesellschaftlichen Bereichen haben. Das sind neben den Kindern auch oft die nicht berufstätigen Mütter. Die Hausarbeit gibt ihnen oft wenig geistige Anregung und Entfaltungsmöglichkeiten, und dann sind sie für die Kinder kein Partner, der ihnen wirklich hilft. Es läßt sich feststellen, daß Frauen heute noch unter der Nachwirkung eines Bannes geistiger und kultureller Benachteiligung stehen, der von ihnen bescheidenes Schweigen verlangt, geduldiges Dienen und rastlose Tätigkeit. Noch heute wird in Lesebüchern das zweifelhafte Lob der beschränkten Frau gesungen, das sich als Leitbild zumal in der

Zeit des Muttertages in der Schule bedrückend verstärken kann. Tatsächlich ist früher wie heute die enge Verbindung der Mutter mit dem Kind als Begründung der restriktiven Angleichung an das Kind benutzt worden und damit auch zu einer doppelten Benachteiligung des Kindes. Frauen, zumal wenn sie nach Studium und Berufen strebten, hat man so etwas wie weibliche Entartung und Vernachlässigung ihrer Mutterpflichten vorgeworfen. So wurde z.B. noch zu Beginn dieses Jahrhundert als Abschreckung die Geschichte einer jungen Ärztin ersonnen und gedruckt, die zu einem Patienten eilt, während ihr fieberkrankes Kind zu Hause allein sterben muß. Und dem zu Beginn des Jahrhunderts in vielen Auflagen verbreiteten Buch eines Dr. Moebius „Über den physiologischen Schwachsinn des Weibes“ entspricht auch das warnende Beispiel einer Mutter, die dem „Gift der Bücher“ verfallen ist. Die Geschichte, nach der eine Mutter im Leihbibliotheksbuch liest, während sich ihr Kind beim Spiel mit Streichhölzern verbrennt, führt zur Anklage: „Das unselige Leihbibliotheksbuch, das ist am ganzen Unglück schuld!“ [7]

Die Sprachförderung des Kindes in und durch die Familie hängt wesentlich und entscheidend ab von der Rigidität, mit der die Familienmitglieder ihre Rollen bestimmen oder mit der ihre Rollen bestimmt werden. So ist die vorher gekennzeichnete Benachteiligung der Frau, die zwar heute nicht mehr so offen verteidigt wird wie zu Beginn des Jahrhunderts, aber gleichwohl praktisch noch nicht aufgehoben ist, die Zuweisung einer geschlossenen und rigiden Rolle. Rigide und geschlossene Rollen können innerhalb und außerhalb der Familie geprägt werden. Das heißt, auch eine berufstätige Frau kann an ihrem Arbeitsplatz eine Einschränkung ihrer Persönlichkeit, ihrer Interessen und Fähigkeiten erfahren, die dazu führt, daß sie sich passiv ihrer Rolle unterordnet und dieses Verhalten weitervermittelt mit den gleichen Mentalitätssperren wie die nichtberufstätige Hausfrau. Ebenso ist der Beruf des Mannes oft angetan, seine

[7] Zitiert nach: Heilwig v. der Mehden, a.a.O. S. 230 f.

eigene Rollenentfaltung und Rollendifferenzierung zu verhindern. Wenn die Arbeitswelt ein System ist, in dem der einzelne wenig Kontakte hat, in dem er wenig planen und mitentscheiden kann, in dem alle Vorgänge festgelegt sind, in dem die Kommunikation mehr einseitig und passiv ist, dann ist auch seine Rolle festgelegt nach Zielen, die von außen her bestimmt sind und nicht von eigenen Wünschen und Bedürfnissen. In einem solchen Bereich geschlossener Rollensysteme hat auch die Sprache geringere Bedeutung. Sie verarmt und wird stereotyper. In einer sozialen Umgebung jedoch, in der der einzelne die größere Chance hat, die ihm zugeschriebenen oder von ihm erworbenen Rollen zu interpretieren und zu differenzieren, das heißt also unter der Voraussetzung, daß jemand seine Rolle individualisieren, daß er in sie seine Fähigkeiten und Ziele, seine Wünsche und Bedürfnisse einbringen kann, sind auch die Ansprüche an die Sprache größer. Die Individualisierung sozialer Rollen erfordert sehr viel umfassendere sprachliche Fähigkeiten als die rigiden Rollen, für die alles auch sprachlich schon fixiert ist, in denen man nicht etwas Differenziertes auch differenziert an- und aussprechen, etwas Neues auch neu formulieren muß. „Nun werden in dem Bereich, wo das Rollensystem offen ist, neue Bedeutungen wahrscheinlich gefördert, und eine komplexe Begriffsordnung wird erforscht. In dem Bereich, wo das Rollensystem geschlossen ist, werden wahrscheinlich neue Bedeutungen nicht gefördert und die Begriffsordnung wird eingeschränkt. Beim Rollensystem des geschlossenen Typs werden verbale Bedeutungen wahrscheinlich festgelegt. Das Individuum (oder Kind) tritt in das Bedeutungssystem ein und läßt es relativ unverwirrt. Beim Rollensystem des offenen Typs ist es wahrscheinlicher, daß das Individuum aufgrund seiner eigenen Vorstellungen zur Bedeutung vorstößt, und hier besteht die Möglichkeit, das Muster der übernommenen Bedeutung zu zerstören oder zu ändern. Wir beginnen zu sehen, daß in dem Feld, wo das Rollensystem offen ist, eine Motivation herbeigeführt wird, Bedeutungen zu erforschen, aktiv zu suchen und auszuweiten; wo die Rolle geschlossen ist, wird nur eine geringere Motivation herbeigeführt, neue Bedeutungen zu erforschen und zu schaffen."[8]

Für ein Kind ist es von entscheidender Bedeutung, auf welche Weise es seine Rollen in der Familie lernt, denn davon hängt ja seine Sozialisation, die Ausbildung seiner Ich-Identität ab. Je mehr ein Kind die Möglichkeit hat, seine Rollen zu individualisieren, um so mehr ist es auch fähig, sein Ich zu entfalten. Damit geht auch die Entwicklung der Sprachfähigkeit einher. Die ichstarke Persönlichkeit verlangt in ihrer Entwicklung und Behauptung eine elaborierte Sprache. Die ichschwache Persönlichkeit ist gekennzeichnet durch eine stereotype, mehr assoziierbare als flexible Sprache. Die Weichen für eine elaborierte Sprache und eine starke Identität oder für eine eingeschränkte Sprache und Ichschwäche werden in der Kindheit und im Rahmen der Familie gestellt. Dabei können wir unterscheiden zwischen personenorientierten Familien und positionsorientierten Familien, bei denen die einzelnen Personen zurücktreten hinter den Rollen, die sie einnehmen und die ihnen feste Macht- und Entscheidungsbefugnisse geben, die sich nicht aus der persönlichen Qualifikation ergeben, sondern aus der Position.

Die personen-orientierten Familien sind in der Erziehung und sprachlichen Entwicklung offener, weil die kindlichen Rollen und damit die Identität des Kindes sich im Zusammenwirken der Familienmitglieder gestalten, also auch der Einwirkung der Kinder auf die Eltern. Damit sind sprachliche Qualifikationen auf das stärkste herausgefordert, weil ja hier die Chance besteht für die Kinder, mit einer elaborierten Sprache ihre Wünsche und Absichten überzeugend zur Sprache zu bringen und ihre Rollen mitzugestalten. Bei den positionsorientierten Familien hingegen gehen die Bestimmungen und Definitionen von Rollen von der stärksten Position aus, z.B. von der Position des Vaters. Man kann die Rollen nicht aushandeln oder mit begründeten Argumenten Veränderungen erreichen, es gibt keine Wider-

---

[8] B. Bernstein, Offene und geschlossene Rollensysteme, in: Claessens u. Milhoffer, Familiensoziologie, Frankfurt a.M. 1973, S. 249.

rede, weil sich die Inhaber der rollenbestimmenden Positionen nicht auf Diskussionen einlassen. Deshalb lohnt sich auch eine sprachliche Entfaltung für das Kind nicht, weil sie ihm nichts einbringt. Auch als Ich unterwirft sich das Kind häufiger der Person, die am meisten Macht hat, es gehorcht mehr, als daß es seinen eigenen Willen artikuliert. Damit bleibt das kindliche Ich schwach.

Die sprachlichen Sozialisationsformen sind besonders an den typischen sprachlichen Appellen in den jeweiligen Familien erkennbar. Die positionsbestimmten Familienmitglieder neigen dazu, Erziehung und Sozialisation an fixierten Rollen und Positionen zu fixieren und festzumachen. Die Kinder werden dauernd konfrontiert mit dem, was formalen Rollen und Situationsdefinitionen entspricht. Bernstein nennt dafür Beispiele: „‚Du sollst das in deinem Alter jetzt können‘ (Alters-Status-Regel) – ‚Kleine Jungen weinen nicht‘ (Geschlechts-Status-Regel) – ‚Vati wünscht nicht, daß man so mit ihm spricht‘ (Regel für Beziehungen zwischen verschiedenen Altersstufen).“[9] Die Kinder werden nicht so sehr als Individuen angesprochen, die Wünsche und Bedürfnisse eines Kindes werden nicht als individuelle Wünsche gewürdigt, abgelehnt oder bejaht, sondern gemessen an formalen Kriterien, am Alter, am Geschlecht usw. Bernstein führt ein Beispiel dafür an mit der Mutter, die ihrem Sohn gegenüber darauf besteht, daß er als Junge spielt. Sie lehnt ein Spiel mit der Puppe nicht deshalb ab, weil ihr persönlich ein solches Spiel nicht gefällt, sondern weil es kein Spiel für Jungen ist.

„Mutter: Kleine Jungen spielen nicht mit Puppen.
Junge: Ich möchte aber das Püppchen.
Mutter: Puppen sind für deine Schwester da.
Junge: Ich mag aber die Puppe! (Oder er spielt mit der Puppe weiter.)
Mutter: Hier, spiel statt dessen mit der Trommel!“[10]

---

[9] B. Bernstein, a. a. O. S. 258.
[10] B. Bernstein, a. a. O. S. 259.

Auf die Dauer wird sich der Junge diesem erwarteten Verhalten nicht entziehen können, weil gegen die apodiktische Behauptung keine Argumente helfen und weil ihm ja zahlreiche Sanktionen drohen, z. B. daß er lächerlich gemacht und verspottet wird. Die personenorientierten Familien bieten dem Kind in höherem Maß die Möglichkeit, im Rahmen seiner Rolle sein Verhalten in einer kontinuierlichen Kommunikation mit den Eltern zu differenzieren. Seine elaborierte Sprachfähigkeit wird dadurch honoriert und gefördert, daß er damit seine Interessen ins Spiel bringen kann. Im umgekehrten Fall ist eine restringierte Sprache oft schon darin programmiert, daß jeder sprachliche Versuch des Kindes, sich an den Definitionen seiner Rollen zu beteiligen, abgelehnt wird.

Konsequenzen

Die Entscheidung fällt in der Familie

Daß die Familie eine entscheidende Instanz für die Sprachentwicklung darstellt, ist nur zu bestreiten, wenn man entweder von der Überzeugung ausgeht, daß Begabung und Intelligenz eines Kindes eine Sache der Vererbung und somit durch die Geburt praktisch festgelegt sind, oder wenn man die These vertritt, daß die Familie Ausdruck und Produkt einer repressiven Gesellschaft ist und deshalb notwendigerweise Unterdrückung reproduzieren muß.

Wer in der alten, aber gleichwohl problematischen Alternativfrage, ob Begabung und Intelligenz durch Vererbung oder durch Milieu bestimmt seien, die Naturkategorie Vererbung vertritt, glaubt sich gerechtfertigt vor allem durch Untersuchungen an eineiigen Zwillingen mit dem Kriterium des Intelligenzquotienten. Bei eineiigen Zwillingen sind die gleichen Erbfaktoren gegeben, und wenn solche Zwillinge gleich nach der Geburt getrennt werden, in sehr unterschiedlichen Familien aufwachsen und doch immer den gleichen Intelligenzquotienten behalten, dann nimmt man dies als Argument dafür, daß die Entwicklung des Menschen durch seine Umgebung nicht oder nur geringfügig zu beeinflussen ist. Gleiche Schlüsse hat eine Reihe von Wissenschaftlern in den USA aus Intelligenztests gezogen, die statistisch einen Intelligenzunterschied von etwa 15 Punkten zwischen Negern und Weißen zeigen, auch bei gleichen sozialen und kulturellen Verhältnissen und zwar zugunsten der Weißen. Es hat auch schon Berechnungen aufgrund von IQ-Tests gegeben, die darauf hinauslaufen, daß der Mensch in seiner geistigen Entwicklung zu 80 Prozent durch die Vererbung festgelegt und nur zu 20 Prozent durch die soziale Umwelt zu beeinflussen sei. Das würde natürlich bedeuten, daß alle Sozialisation und Erziehung nur eine vergleichsweise geringe Bedeutung hat gegenüber der biologischen Determination, daß demzufolge auch die Sprachentwicklung weitgehend unbeeinflußbar ist und weniger ein Medium darstellt, das Sozialisation und Persönlichkeitsentfaltung trägt, als der Ausdruck vorgegebener Begabung in alterspezifischer Entfaltung ist, und demzufolge die Familie nur eine untergeordnete Rolle spielt in der Entwicklung von Begabung und Fähigkeiten. Daß diese Position nicht zu halten ist, ergibt sich zum einen aus der Fragwürdigkeit von Forschungsergebnissen, die in den Intelligenztests außerordentliche Verkürzungen des Beobachtungsfeldes darstellen, wichtige Faktoren außer acht lassen, in den Kriterien der Gefahr der Subjektivität nicht entgehen, in den Ergebnissen keine allgemeinen wissenschaftlichen Schlüsse zulassen und in offenem Widerspruch stehen zur Realität und zu wissenschaftlichen Untersuchungen mit anderen Ergebnissen. So ist häufig festgestellt worden, daß die Intelligenz- und Sprachentwicklung von Kindern sehr unterschiedlich verläuft, je nachdem, ob die Kinder in grober sozialer Vernachlässigung, in Heimen mit unterschiedlich intensiver Zuwendung oder integrativ in Familien heranwachsen. Kinder in sozial benachteiligender Umgebung bleiben in ihrer geistigen und sprachlichen Entwicklung eindeutig hinter einer Entwicklung zurück, die bei entsprechender Förderung möglich wäre. Je jünger die Kinder sind, um so stärker zeigen sich die Unterschiede, und um so besser wirkt sich die Förderung aus. Diese und andere Erfahrungen lassen den Schluß zu, daß vieles von dem, was wir als Natur und Vererbung hinzunehmen geneigt sind, erst in den frühen Lebensjahren programmiert wird und daß wesentlich in der Familie die Entscheidung über die Entfaltung und Entwicklung von Intelligenz und Begabung fällt, und das heißt auch über die Möglichkeit, eine vererbte und natürliche Intelligenz und Begabung festzustellen und sozusagen ans Licht zu bringen, und zwar im Medium der Sprache, und das heißt in der Entwicklung von Sprache im sozialen Kontakt. Deshalb muß ganz entschieden die Forderung erhoben werden, in der Erziehung von Anfang an die Resignation gegenüber einer vermeintlichen Natur zu bekämpfen und nicht zu kapitulieren. So wie die Ärzte einen Kampf gegen die „Natur" von Krankheiten führen und in Hilfe und Heilung dem Menschen immer wieder Gesundheit und Lebenszeit gewonnen und Krankheiten und Tod nicht als unüberwindliche Barrieren fatalistisch hingenommen haben, so dürfen wir auch in Erziehung und Bildung keine Barrieren als naturgegeben hinnehmen, sondern müssen alles tun, um dem Menschen von Anfang an alle Chancen zu eröffnen, ihn zu fördern, ihn in seiner Persönlichkeitsentwicklung herauszufordern und ihm alle sozialen Chancen offenzuhalten. Denn in dem Maße, in dem sich Natur im gesellschaftlichen Raum reproduziert, sind Barrieren der Erziehung und Bildung, der Begabungs- und Sprachentwicklung soziale Ungerechtigkeiten.

In diesem Zusammenhang steht auch der zweite Einwand gegen die zentrale Bedeutung der Familie für die Sozialisation. Dieser Einwand ist in der Behauptung begründet, die Familie sei ein gesellschaftliches Instrument der Unterdrückung und somit an ihr nichts zu bessern und nichts zu bösern. Die Angriffe richten sich besonders gegen die Kleinfamilie, und zwar nicht gegen Mißstände im einzelnen, sondern gegen ihre Gesamtstruktur mit der Forderung, die Familie zu überwinden oder abzuschaffen. Freilich sind alle Versuche, die Familie gänzlich aufzuheben, was man vor allem bei der Entwicklung einer sozialistischen Gesellschaft erstrebte, immer gescheitert. Offenbar ist ein Kind auf eine ganz spezifische Förderung und Hilfe angewiesen, wie sie nur im Rahmen der Familie möglich ist und wie sie nicht von anderen Institutionen übernommen werden kann. Gleichzeitig aber ist die Familie in ihren Strukturen und Funktionen sehr dem Wandel unterworfen. Das breite Entwicklungs- und Entfaltungsfeld der Familie ist gesellschaftlich determiniert in kultur- und schichtenspezifischer Hinsicht. Die Familie ist also kein statisches und in sich selbst ruhendes soziales System, sondern ein dynamisches und vermitteltes. Deshalb kann die Familie auch nicht ausschließlich als Produkt einer bestimmten Gesellschaft oder Gesellschaftsordnung be- und verurteilt, sondern muß als der Pol des Spannungsfeldes betrachtet werden, der Sozialisation heißt.

Es kann nicht darum gehen, bei auftretenden Problemen, beim Versagen und bei Defiziten der Familie ihre Funktion zu verlagern und auf andere Institutionen zu übertragen. Der Funktionsverlust und die Funktionsverlagerungen der Familie haben ein Ausmaß erreicht, das nicht einem „Gesundschrumpfen" entspricht, sondern allen zusätzlichen Förderungen den Boden entzieht und sie wirkungslos werden läßt, da sie nur im Zusammenhang mit der familialen Erziehung geschehen können und diese voraussetzen. Jede Sprachförderung von Kindern ohne die Eltern oder gegen die Eltern ist zum Scheitern verurteilt.

Es geht erstens um die Motivation für die Sprache. Sie kann nicht einfach im Kindergarten abgerufen werden, wenn sie in der Familie nicht angelegt ist, und sie kann nicht durchgehalten werden, wenn sie nicht in der Familie ihre Entsprechung findet. Ein Kind, das nicht gewohnt ist, Aktivität zu entwickeln, mit anderen zu kommunizieren und zu kooperieren, kann nicht unvermittelt zu einem solchen Verhalten aufgerufen und zur Freiheit „abkommandiert" werden. Das ist auch der Anlaß für die enttäuschte Frage eines Kindes in einem fortschrittlichen Kindergarten: „Tante, müssen wir heute wieder spielen, was wir wollen?" Ein Kind, das schon zu Hause motiviert wurde für die eigene Aktivität im Spielen und Sprechen und das eine Antenne hat für ein solches Angebot, wird von einem solchen Kindergarten gewiß profitieren, wobei durch die Befähigung des Kindes für diese Förderung auch die Rückkoppelung dessen in die Familie möglich wird, was das Kind im Kindergarten lernt. Ein Kind, das zu Hause nicht motiviert wurde, steht oft den gebotenen Möglichkeiten hilflos gegenüber oder wird aggressiv, indem es den Zwang und die Einschränkung zu Hause abreagiert. Umgekehrt wird das fördernde Erziehungsverhalten zu Hause als falsch und störend empfunden. „Im Kindergarten lernt ihr nur Unsinn ...; du wirst immer frecher, seit du im Kindergarten bist ..." In diesem Wechselbad ist ein Kind in seiner Entwicklung besonders gefährdet. Die unterschiedliche Zuwendung der Eltern zum Kind, die unterschiedliche Motivation ist nicht individuell gegeben, sondern durch die Umwelt und Erfahrung der Eltern vermittelt. Über die Art der Unterschiede gibt folgendes Experiment Auskunft. Eltern mit noch nicht schulpflichtigen Kindern aus der Unter- und der Mittelschicht nahmen an einem Spiel teil mit den Regeln, daß die Kinder aus Bauklötzchen einen Turm bauen sollen, aber mit verbundenen Augen und nur mit einer Hand. Ihre Eltern durften ihnen helfen, aber nur indem sie mit ihnen sprachen. Vor dem Experiment wurde den Eltern gesagt, ein Kind in dem entsprechenden Alter würde im Durchschnitt einen Turm von 80 cm Höhe bauen, und sie wurden gefragt, was nach ihrer Meinung wohl ihr eigenes Kind schaffen würde. Die Antworten fielen so aus, daß die Eltern der Unterschicht ihren Kindern meist weniger als den Durchschnitt zutrauten, die Eltern der Mittelschicht meist wesentlich mehr. Diesen unterschiedlichen Erwartungen entsprach auch ein unterschiedliches Verhalten während des Experiments. Die Eltern der Unterschicht gaben dem Kind direkte Anweisungen und Befehle und reagierten auf Schwierigkeiten mit Enttäuschung und Schimpfen: Du dummes Kind ...; siehst du, jetzt hast du es schon wieder umgeschmissen ...; das schaffst du ja doch nicht ... Die Eltern der mittleren Schicht neigten dazu, ihr Kind zu ermutigen und herauszufordern: Du wirst es schon schaffen ...; nur Geduld ...; na, siehst du, beinahe ...; ganz ruhig bleiben, nicht aufgeben ...; so jetzt versuche es noch einmal ... Die unterschiedlichen Verhaltensweisen der Eltern erklären sich aus ihren eigenen Erfahrungen und den Verhaltensweisen in ihrer sozialen Umwelt. Der Zusammenhang von Motivation und Sprachentwicklung ist so eng, daß die Sprachentwicklung des Kindes in der Familie und außerhalb davon abhängig ist, daß die Motivierung der Kinder durch die Eltern möglichst früh und kontinuierlich erfolgt.

Zweitens geht es um die Kontinuität des Sprechens im sozialen Kontext. Man kann sprachlich benachteiligten Kindern kaum dadurch helfen, daß man sie aus der Familie herausnimmt und sie zeitweise in einer Art Freiraum sprachlich fördert. Solche Versuche hat man in den USA in der Weise unternommen, daß man Kinder aus Slumgebieten mit schlechten Wohnungen und schlechten Schulen regelmäßig mit Bussen zum Unterricht in Schulen in guten Wohngebieten gefahren hat und ihnen dort zusammen mit den Kindern, die von zu Hause her ein elaboriertes Sprachvermögen besaßen, Sprachunterricht bot. Soweit diese Kinder tatsächliche Sprachfortschritte machten, konnten sie diese doch nicht einlösen in ihrer sozialen Umgebung. Die Sprachbarrieren in ihrer Lebenswelt blieben bestehen, die Sprache, die sie, wenn überhaupt, in der Schule lernten, blieb eine isolierte und fremde Sprache ohne Lebenshintergrund, sie ging nicht ein in die Persönlichkeitsentwicklung der Kinder und konnte keine kommunikativen Funktionen übernehmen.

Drittens dürfen die Hilfen sprachlicher Förderung für die Familien nicht nur ein äußeres Angebot im Sinne der Kompensation sein. Zeitungen und Zeitschriften, Bücher und Filme, Rundfunk und Fernsehen stellen ein großes und beachtliches Angebot an Elterninformationen, an Bildungsimpulsen, an Lern- und Erfahrungsfeldern, an Sprachförderung dar. So gut dieses Angebot auch sein mag, es ist weitgehend ein preaching to the saved, das heißt, es kommt vor allem bei den Kindern und Eltern an, die es „gar nicht so sehr nötig" haben, für die es eigentlich nicht gedacht ist, dort also, wo schon Voraussetzungen bestehen, wo die Kinder schon „auf dem richtigen Wege" sind. Es wird eher ein Verstärkungseffekt erzielt, als daß grundsätzliche Prozesse der Bildung und der Sprachförderung in Gang gesetzt werden. Das kommt daher, daß die Hilfen einmal schon ein bestimmtes Maß an Interesse und Motivation voraussetzen und zum anderen sich vor allem des Mediums der Sprache bedienen, eines Mediums, das vielen Eltern wenig zugänglich ist, für das sie erst gewonnen werden sollen. Es geht aber nicht um eine quantitative Anreicherung der Erziehung und insbesondere der Sprachförderung, sondern um eine qualitative Veränderung des Erziehungs- und Sprachverhaltens der Eltern. Das ist nicht zu erreichen durch das Ausfüllen von Lükken oder durch eine Art „flankierender Maßnahmen“ von außen. Diese können nichts koordinieren und nichts ersetzen, was in der Familie fehlt.

Viertens ist die Sprachentwicklung eng verknüpft und teilweise identisch mit der Entfaltung der kindlichen Kreativität. Kreativität muß das Kind in seiner sozialen Umgebung von Anfang an entfalten können, sie muß sich auf den gesamten Raum seiner Wahrnehmungen und Beziehungen erstrecken. Das heißt wieder, daß in der Familie die Sensibilisierung und Aktivierung des Kindes der Motor seiner Sprachentwicklung sind. Wenn in der Familienerziehung Barrieren errichtet und Prozesse geistiger und sprachlicher Verarmung eingeleitet wurden, dann können nicht künstlich und verkrampft Kreativitätsübungen einer Entwicklung aufgepfropft werden. Kreativität ist nicht forsch-fröhlich auf Kommando abzurufen und nicht ohne sozial verbindlichen Zusammenhang in der „freien Luft“ als Geschicklichkeitsspiel zu absolvieren. Eine derart isolierte und angestrengte Kreativität ist nur ein schlechter Ersatz, ein Surrogat für eine Kreativität, um die man betrogen wird, eine Kreativität, die Sprache nicht fördert. In der Tat steht die heute vielberufene und beredete Kreativität in den verschiedensten Diensten, nicht zuletzt auch in ökonomischen, doch kaum im Dienst des Individuums. Die vielen Kreativitäts-, Denk-, Sprach- und sonstigen Spiele für Kinder, die auf dem Markt sind und sich gut verkaufen, nicht zuletzt weil sie die Hilflosigkeit und das schlechte Gewissen der Eltern ansprechen, beziehen die Kinder nicht im Ernst, nicht als Individuen, nicht in ihrer sozialen Realität in die ersonnenen Spiele ein. Die angesonnene Kreativität ist nicht offen, sondern in einer bedenklichen Weise passiv und eingeschränkt. Die Spiele, die Kinder sprachlich fördern, ergeben sich aus ihren eigenen Erfahrungen und Problemen, aus ihrer Umwelt. Die Spiele, die Aktivität, die Kreativität, die die Sprache der Kinder fördern, müssen Spiele sein, die sie im Ernst spielen, in die sie sich selbst einbringen, in denen es um ihre Identität geht. Dies ist vor allem der Fall bei Rollenspielen, in der aktiven und sprachlichen Definition und Interpretation von Rollen, Werten, Normen, Verhaltensweisen, im Einbringen, Entfalten und Durchsetzen von Wünschen und Hoffnungen, in der Übernahme von Ansprüchen und im Widerstand gegen sie, in der Regelung von Konflikten. Die Kreativität eines Kindes wie eines Erwachsenen ist nicht einfach herstellbar; herstellbar ist freilich ein leerer und aufgeregter Aktivismus im Rahmen assoziierter und ritualisierter Sprache. Über die Kreativität eines Menschen wird sehr früh entschieden, und zwar in der Familie. Die Familie bietet oder verweigert dem Kind die Entfaltung von Kreativität und mit ihr die Entfaltung von Sprache.

Wenn der Familie bei ihrer Aufgabe der Sprachförderung der Kinder geholfen werden muß, so kann das fünftens nicht auf die Art einer Entlastung oder zusätzlicher Hilfe nach der Art subsidiärer Kompensation geschehen. Solche Entlastungen und Hilfen vermögen nicht im Ernst Barrieren abzubauen. Sie schaffen keinen grundsätzlichen Wandel, sondern richten sich an eine andere Zielgruppe, an die Eltern, bei denen schon positive Voraussetzungen für die Sprachförderung ihrer Kinder bestehen. Diese positiven Voraussetzungen sind nicht eine Sache des guten Willens und Charakters, sondern vermittelt durch die Lebensverhältnisse und Lebensbedingungen der Familie. Schlechte Wohnverhältnisse, Überarbeitung und Überreiztheit, Benachteiligung am Arbeitsplatz, Resignation gegenüber den eigenen sozialen Chancen, Konsumorientiertheit, wenig Freizeit, geringe gegenseitige Kontakte, falsche oder einseitige Informiertheit, das sind die Ursachen für die Sprachbarrieren in der Familie. Weder „Absterben“ oder „Zerschlagung“ der Familie noch „moralische Aufrüstung“ oder Unterstützung helfen hier, sondern die bewußte und zielgerichtete Veränderung der blockierenden kulturellen, sozialen und ökonomischen Bedingungen, welche viele Familien schädigen. Sprachbarrieren entstehen im sozialen Kontext, und sie sind nur im sozialen Kontext zu überwinden. Der erste und entscheidende soziale Kontext, der das Kind in seiner sprachlichen Entwicklung festlegt, ist die Familie. Deshalb ist es wichtig, die sozialen Bedingungen zu entwickeln und zu verbessern, unter denen die Familien leben, und nicht auftretende Mängel sozusagen von Fall zu Fall mildern oder ausgleichen zu wollen. Solche Hilfestellungen von außen sind für den guten Willen, der hinter ihnen steht, oft enttäuschend wirkungslos. Es sind die Voraussetzungen dafür zu schaffen, daß die Familien selbst aktiver werden können in ihrer Erziehungsfunktion und anderen Erziehungsinstitutionen wie der Schule als starker Partner gegenübertreten können.

Sprachbarrieren im Unterricht

Sprachrituale in der Schule – Lehrersprache und Unterrichtssprache

Die Sprache der Schule ist in erster Linie die Sprache der Lehrer, in zweiter Linie die Sprache der Schulbücher und last and least die Sprache der Schüler. Daß die Sprache der Schüler vor allem die Sprache des Lehrers ist, läßt sich allein schon aus dem Umfang seines Sprechens erkennen. Der Lehrer redet am häufigsten und am meisten. Das haben schon vor über zehn Jahren die Untersuchungen von Reinhard und Annemarie Tausch belegt. Wieweit dabei die einzelnen Befunde exakt und bis hinters Komma zu verallgemeinern sind und ob sie heute noch genauso gelten, das mag dahingestellt bleiben. Sicher ist aber, daß bei allen individuellen Abweichungen auch heute noch die gleiche Tendenz besteht, was sich jederzeit in beliebigen Orten, an beliebigen Schulen und zu beliebigen Zeiten nachprüfen läßt. R. Tausch kam bei seinen Untersuchungen zu dem Ergebnis, daß die Lehrer nach der Auszählung der in den Stunden gesprochenen Wörter 59% aller Wörter sprachen, das heißt so viel oder mehr als alle Schüler zusammen. Der Vergleich wird noch bedrückender, wenn man bedenkt, daß ja nicht alle Schüler gleichmäßig drankommen und gleich viel sprechen. Die guten Schüler, die die Sprache gut beherrschen, kommen oft dran, und die schwachen Schüler, die die Sprache nur wenig beherrschen, kommen nur selten dran, obwohl gerade sie die sprachliche Übung am nötigsten hätten. Das Fazit heißt dann, daß folgendes durchaus vorkommt: ein Lehrer spricht in einer Stunde soviel wie sein schlechtester Schüler im ganzen Jahr. Gegenüber den zahllosen Gastarbeiterkindern, die jahrelang kein einziges Wort sagen und in den hintersten Schulbänken ihre

Zeit absitzen, ist das sogar noch eine Untertreibung. Wenn man also die Schule als ein Instrument zur sprachlichen Förderung versteht, so dient diese Förderung sehr augenscheinlich dem Lehrer: er absolviert ein intensives sprachliches Training, Tag für Tag. Es kann aber nicht Sinn der Sache Schule sein, daß weit unter 500000 Lehrer vor einer schweigenden Mehrheit von 10 Millionen Schülern ausgebildet und fit gehalten werden als Meisterredner oder doch wenigstens als Marathonredner, abgesehen davon, daß dieses Training für die Sprache des Lehrers auch nachteilige Folgen hat.

Woher kommt nun die Kopflastigkeit der Lehrersprache in der Schule? Sie ist sicher nicht Schuld der Lehrer selbst und nicht zu erklären mit irgendeiner Geltungssucht, mit Machtstreben usw., sondern auch der Lehrer steht in seinem sprachlichen Verhalten in einer Art Zugzwang, der sich aus der Schul- und Unterrichtsorganisation, aus den Bildungsplänen und -zielen, der Methodik und Didaktik, dem Beurteilungs- und Prüfungssystem und aus der eigenen Aus- und Weiterbildung ergibt. Das heißt, es ist nicht allein und ausschließlich eine Sache des guten Willens beim Lehrer, ob sich hier etwas ändert. Auch hier kann Tausch, der das Gewissen der Lehrer wachgerufen hat, als Beispiel gelten. Neben vielen anderen Modellen für einen integrativen Unterricht, der vor allem auch die sprachliche Aktivität der Schüler fördern soll, bietet er die Unterrichtsmitschau einer Unterrichtsstunde, die vom Institut für Film und Bild für die Lehrerfortbildung entliehen wird unter dem Titel „Soziales und unterrichtsmethodisches Lehrerverhalten“. Zehrfeld und Zinnecker haben das fortschrittliche und reflektierte Unterrichtsverhalten untersucht und dabei festgestellt, daß trotz des Eingehens auf die Schüler und der Herausforderung ihrer Aktivität und ihrer Interaktion die alten Unterrichtstendenzen weiter fortwirken, auch im Umfang und in der Auswirkung der Lehrersprache, trotz starker Änderung ihres Stils. Sie zeigen dies u.a. auch in der Auszählung der Lehrer- und Schülerworte außerhalb der Phasen der Kleingruppenarbeit. „Den rund 1140 Lehrerworten von Tausch stehen rund 580 Schülerworte entgegen. Mithin redete Lehrer Tausch 66% aller Wörter im Unterrichtsfilm."[11]

Die Lehrersprache ist nicht nur in ihrem Umfang relevant, sondern auch in ihrem Stil und ihrer Methode. Denn die sprachlichen Äußerungen des Lehrers steuern und entscheiden ja Unterrichtsverläufe und Lernprozesse. Deshalb hat der Sprachanteil des Lehrers am Unterricht nicht nur eine quantitative, sondern auch eine qualitative Bedeutung. „Die Bedeutung der Sprache im Unterricht geht auch aus den empirisch entwickelten Zeitanteilen verbaler Verhaltensweisen an der Gesamtzeit des Unterrichts hervor. Nach Untersuchungen von Flanders (1960) und Amidon und Flanders (1963) nahmen sprachliche Prozesse folgende Zeitanteile des Unterrichts ein...: $^{2}/_{3}$ der Zeit wird durchschnittlich in einer Klasse gesprochen; $^{2}/_{3}$ dieser Zeit wiederum spricht allein der Lehrer; $^{2}/_{3}$ der sprachlichen Äußerungen des Lehrers haben eine direkte Beeinflussung der Schüler zum Ziel... zu ähnlichen Ergebnissen kommt eine deutsche Untersuchung, die von Schultze-Schleiffer durchgeführte Arbeitsanalyse des Volksschullehrers... Der Prozentanteil der Lehrersprache an der gesamten Unterrichtszeit wurde mit 61,2% ermittelt. Auch hier entfiel ein großer Prozentsatz der Lehreräußerungen (24,2%) auf verbale Impulse, die auf eine direkte Beeinflussung des Schülerverhaltens abzielten."[12]

Dem Stil nach läßt sich die Lehrersprache, wie das Tausch getan hat, als irreversibel kennzeichnen. Das heißt, daß Lehreräußerungen und Schüleräußerungen nicht austauschbar sind. Bei den meisten Lehreräußerungen ist zu erkennen: das kann nur der Lehrer gesagt haben, so etwas kann und darf kein Schüler sagen. Das bedeutet aber, daß es nur wenig freie und offene Gespräche im Unterricht gibt, daß der gesamte Verlauf des Sprechens in der Stunde eindeutig vom Lehrer bestimmt und gesteuert wird. Wenn man z.B. die sprachlichen Äußerungen

11 K. Zehrfeld u. J. Zinnecker, Acht Minuten heimlicher Lehrplan bei Herrn Tausch, in: betrifft: erziehung, Heft 5/1973.

12 D. Spanhel, Die Sprache des Lehrers, Düsseldorf 1971, S. 23.

einer Unterrichtsstunde in einer Niederschrift vor sich hat, aus der nicht hervorgeht, wer was gesprochen hat, so ist es kein großes Kunststück, herauszufinden, was der Lehrer gesagt hat und was die Schüler gesagt haben. Eine große Rolle in den Unterrichtsstunden nimmt der Lehrervortrag ein. Dies ist ein Sprachverhalten ohne Rückkoppelung. Ob, bei wem und in welcher Weise die Sprache ankommt, bleibt offen. Den Schwierigkeiten dieser einbahnigen Kommunikation entspricht ein resignierendes Lehrerverhalten, das sich etwa in den Sätzen äußert: „Ich gieße, aber ob die Schüler dabei wachsen, das ist ihre Sache" oder „Ich habe es schon lange satt, Perlen vor die Säue zu werfen". Aber auch das Unterrichtsgespräch bleibt ganz in der Hand des Lehrers. Entweder ist es eine Art Selbstgespräch mit kleinen dazwischengeschobenen Fragen und Antworten, oder das Gespräch wird von Lehrerimpulsen gesteuert. Das Ehepaar Tausch ist besonders diesem Phänomen nachgegangen, etwa in „Erziehungspsychologie" (Göttingen ²1965). „In einem großen Prozentsatz der beobachteten Unterrichtsstunden wurde eine starke Lenkung der Schüler durch die Lehrer mit Hilfe der sprachlichen Formen des Befehls, der Aufforderung und der Frage empirisch festgestellt. Diese Lenkung war so stark, daß in etwa einem Drittel der Unterrichtsstunden die Schüler nicht länger als 30 Sekunden ohne lenkende Eingriffe des Lehrers arbeiten konnten ... Es wurden etwa 85 Fragen und 50 Befehle und Aufforderungen je Unterrichtsstunde gezählt. Eine weitere Reglementierung des Schülerverhaltens bestand darin, daß die Schüler je Unterrichtsstunde zehn bis fünfzehn vom Lehrer angefangene Sätze zu vollenden hatten[13].

Das Fragen ist offenbar eine Sache des Lehrers. Das ist ein wichtiges Sprachritual in der Schule: Der Lehrer fragt, die Schüler antworten. Positiv bewertet wird nicht die gute Frage, sondern die gute Antwort. Gut ist eine Antwort vor allem dann, wenn sie schnell erfolgt und wenn sie genau das wiedergibt, was der Lehrer sagte oder was im Buch steht. Fragen werden abge-

---

[13] D. Spanhel, a.a.O. S. 114f.

wehrt: Frag nicht so viel, paß lieber auf – hättest du den Mund gehalten, das wäre gescheiter gewesen – wer fragt, zeigt, daß er es nicht verstanden hat – dazu haben wir jetzt keine Zeit – die Frage gehört nicht hierher – darauf können wir jetzt nicht eingehen – die Fragen stelle ich hier. Die Antworten werden normiert und eingeübt: Genauer – im ganzen Satz – noch einmal – so, und jetzt alle zusammen. Die Antwort ist eng an die Lehrerfrage geknüpft, sie darf nicht von sich aus neue Fragen aufwerfen. Dabei ist der Lehrer, dem das Fragemonopol zufällt, eigentlich schlecht dran. Denn er muß Fragen stellen, wo er die Antworten schon weiß. Dabei verlieren die Fragen ihren eigentlichen Fragecharakter und werden zu Abfragefragen. Außerdem sind die Fragen oft so unglücklich formuliert, daß der Schüler die Antwort schon wissen muß, wenn er die Frage verstehen will. Das klassische Beispiel dafür gibt das Lustspiel „Flachsmann als Erzieher“ aus der Zeit vor dem 1. Weltkrieg. Lehrerfrage: „Was wird bei der Hochzeit zur Ehe gelegt?“ Schülerantwort: „Der Grundstein.“ Um sich der richtigen Antwort zu vergewissern beim Versagen der Frage, gibt der Lehrer nicht selten den Anfang der Antwort schon vorweg, oder er gibt die Antwort selbst schon als Lückentext: Durch Düsseldorf fließt der ... na?

Ein großer Teil der sprachlichen Lehreräußerungen zielt ab auf die Disziplinierung der Klasse und des Unterrichts. Auch hier ist von einem elaborierten Sprachgebrauch nicht viel zu bemerken, die disziplinierende Sprache ist restringiert und ritualisiert. Sprachstereotypen werden dauernd wiederholt. So ist festgestellt worden, daß in manchen Klassen der Lehrer einen großen Teil der Unterrichtszeit und seiner sprachlichen Äußerungen darauf verwendet, für Ruhe und Aufmerksamkeit zu sorgen. Das kann in Formen des Ermahnens, Bittens, Befehlens oder Schimpfens geschehen, meistens wechselnd und in Mischform. Dabei werden Strafen in Aussicht gestellt und Drohungen ausgesprochen. Kennzeichnend ist, daß es sich häufig um unbestimmte Drohungen handelt und daß auch die genannten Strafen verbal bleiben: Wenn jetzt nicht gleich Ruhe eintritt, dann passiert was – wenn ihr jetzt nicht sofort still seid, dann könnt ihr euch gratulieren – glaubt nur nicht, daß ich mir das gefallen lasse – ich schmeiß' euch alle 'raus – diesen Zirkus mach' ich nicht mehr mit – gleich hagelt es Sechsen. Wo der Unterricht ohne große Disziplinschwierigkeiten läuft, ist die sprachliche Steuerung und Reglementierung kürzer. Sie geschieht oft mit einzelnen Wörtern, die freilich erst recht Sprachrituale darstellen: Aufstehen – setzen – Bücher heraus – Hefte weg – aufstellen ... Solche Anweisungen sind sprachliche Indoktrinationen. Ebenso gibt es zahllose programmierende und regulierende Lautzeichen und Wörter oder Redewendungen, mit denen Lehrer Redeabläufe der Schüler steuern. Solche Sprachsignale sind: Gut so – weiter – hm – na? – und? – schneller – falsch – richtig – genauer – überlege – Vorsicht – na also – wirklich? ... Manche Lehrer entfalten fast virtuose Fähigkeiten eines Dirigenten, der den Einsatz aller Mitglieder seines Orchesters sicher in der Hand hat.

Die Steuerung der Sprache des Schülers im Unterricht durch den Lehrer geht so weit, daß der Lehrer manchmal auf einem ganz bestimmten Wort insistiert, obwohl die richtige Antwort schon vorliegt, und wegen dieses Wortes gewaltsame Unterrichtsgespräche führt. Spanhel gibt dafür ein Beispiel. „Beispiel für ein fruchtloses Unterrichtsgespräch aus einem Unterrichtsprotokoll unserer Untersuchung (5./6. Schuljahr gemischt, Erdkunde):

Lehrer: Kinder, schaut einmal die Form des Erzgebirges an! Schaut einmal die Form an!

Schüler: Die Form des Erzgebirges ist so langgezogen.

Lehrer: Ja. Und wenn du jetzt noch ein anderes Wörtchen findest statt langgezogen.

Schüler: Das Erzgebirge dehnt sich weit aus.

Lehrer: Dehnt sich, ja. Bei einem Gebirge kann man noch ein bißchen anders sagen. Das Gebirge ...

Schüler: Das Gebirge macht einen großen Bogen um die Tschechoslowakei.

Lehrer: Nein, also das wollen wir ... nein, nein, nein!
Schüler: Das Erzgebirge breitet sich aus.
Lehrer: Breitet sich aus. Ich hätte ein anderes, schau einmal! Von diesem Punkt zu diesem Punkt.
Schüler: Dehnt sich aus.
Lehrer: Ja, das haben wir bereits. Das ist nicht ganz ... Ich hätte noch gern einen anderen Ausdruck. Von A nach B, was liegt da zwischendrin, was ist das?
Schüler: Eine Strecke.
Schüler: Das Erzgebirge streckt sich.
Lehrer: Eine Silbe fehlt noch.
Schüler: Erstreckt sich.
Lehrer: Gut, und jetzt schau nach." [14]

Diese penetrante sprachliche Insistenz vieler Lehrer erklärt sich nicht zuletzt durch ihre Ausbildung, in der sie gelernt haben, exakte Unterrichtsentwürfe für die einzelnen Unterrichtsstunden zu machen, die dann genau einzuhalten waren. Das ging früher so weit, daß die Lehrer ihre Fragen genau aufschrieben und ebenso die Antworten; die Antworten, die sie von den Schülern erwarteten. Das heißt, daß die ganze Stunde vorher schon Wort für Wort feststand und die Schüler sozusagen erraten mußten, welches bestimmte Wort oder welchen bestimmten Satz der Lehrer gerade haben wollte. Heute ist es meist so, daß die Stunde in ihrem Verlauf, das heißt in den einzelnen Schritten, festgelegt wird und es dem Lehrer meist schwerfällt, das geplante Konzept aufzugeben, wenn sich im Verlauf der Unterrichtsstunde neue Fragen und Probleme ergeben, wenn die Schüler aktiv werden und eigene Impulse und Interessen einbringen. Noch häufig wird auch heute der Lehrer bei Unterrichtsstunden und -besichtigungen gelobt, wenn er seinen Stundenentwurf eingehalten hat und mit dem Ende der Stunde auch fertig geworden ist, und gerügt, wenn sich aus der Sache und der Sachbeziehung der Schüler heraus ein anderer Unterrichtsverlauf ergab.

[14] D. Spanhel, a.a.O. S. 132.

Bei der Beurteilung der Lehrersprache und ihrer möglichen Auswirkung einer sprachlichen Behinderung und Blockierung der Schüler ist auch die Frage einzubeziehen, ob und wieweit die Schüler die Sprache des Lehrers verstehen. Der Lehrer spricht eher die Hochsprache als die Umgangssprache, er will ja auch die Schüler zur Hochsprache hin erziehen und ist dafür ausgebildet worden. Von seiner eigenen sozialen Herkunft her ist ihm die Hochsprache meist geläufig. Diejenigen seiner Schüler, die gleiche soziale Voraussetzungen haben und von ihrer Familie her seine Sprache und sein Verhalten gewohnt sind, kann er meist gut ansprechen. Für viele andere Schüler spricht der Lehrer eine fremde Sprache, er hat einen Sprachstil, den sie nicht verstehen. Das hängt meist mit dem gesamten elterlichen Erziehungsstil zusammen. Wenn ein Kind z.B. an einen Erziehungsstil mit häufiger körperlicher Züchtigung und direkter Drohung gewöhnt ist, dann wird es den Satz des Lehrers: „Es wäre schön, wenn wir jetzt alle so ruhig sind, daß wir uns gegenseitig nicht bei der Arbeit stören", gar nicht als Signal und Aufforderung auffassen, ruhig zu sein, und der Lehrer wird zur Ansicht neigen, ein böswilliges Kind vor sich zu haben. Daß die Sprache des Lehrers häufig zu Sprachritualen, zu Sprachdrill und Sprachindoktrination erstarrt, ist auch darin begründet, daß der Lehrer mit den Sprachstilen und Sprachvoraussetzungen seiner Schüler nicht zurechtkommt, daß er an ihnen scheitert, weil er für sie keine Antenne hat, und sich in ein ritualisiertes Sprachverhalten begibt, das letzten Endes allen Schülern eine wirkliche und effektive Sprachförderung schuldig bleibt.

Die Sprache der Schule ist neben der Sprache des Lehrers vor allem die Sprache der Schulbücher. Hier besteht eine enge Verbindung. Die meisten Schulbücher sind von Lehrern geschrieben worden, und die meisten Lehrer passen sich dem Inhalt, der Methode und der Sprache der Schulbücher an. Zweifellos sind Schulbücher gründlich erarbeitet, sie werden vor ihrer Zulassung geprüft und entsprechen auch sprachlich hohen Ansprüchen. Daß bei der elaborierten und sozusagen vorbildlichen Sprache der Schulbücher, die wie ein Leitbild den Schülern eine klare und anschauliche Sprache in ihrem Ausdrucks- und Formenreichtum vorführt, dennoch für die Schüler auch die Gefahr einer Sprachbarriere besteht, mag verwunderlich scheinen. Schulbücher wirken sich dann als Sprachbarrieren aus, wenn und insoweit sie Defizite zeigen im Blick auf ihre Methoden und Inhalte. Insgesamt ist die Tendenz der Blockierung von Sprachprozessen bei Schülern durch die Perfektion der Schulbücher gegeben, so widersprüchlich das klingt. Unter Perfektion ist hier gemeint, daß das, was die Bücher bieten, fertig ist, fugenlos verfügt, in Zugang, Darbietung, Entfaltung, Einübung und Kontrolle so ausgearbeitet und glatt, daß die Schüler zur Passivität verurteilt sind, daß sie freundlich, aber bestimmt an der Hand genommen und inhaltlich und sprachlich zur Sache gebracht werden. Alles ist in erprobten, gut verträglichen und bekömmlichen Portionen zugemessen, oft sogar vorgekaut. Der Schüler braucht nicht einmal mehr Fragen zu stellen, denn auch die Fragen werden gestellt und angeboten in ganzen Fragebatterien, ebenso die Arbeitsanstöße und Aufgaben. Der Schüler ist sprachlich überwältigt, er kann den Vorsprung des Buches nicht einholen, seine Geschlossenheit nicht aufbrechen, er ist sprachlich zur Passivität verurteilt. Wenn das Schulbuch kein Arbeitsbuch ist, dann ist es ein Verarbeitungsbuch; der Schüler kann das Buch nicht aufbereiten, er kann seine Beziehung zur Sache, sein Interesse nicht einbringen, also ist er auch sprachlich nicht herausgefordert, er übt sich nicht aktiv in der Sprache, sondern er wird passiv in sie eingeübt.

Die Einübung in die Sprache tritt natürlich vor allem in den Büchern des Deutschunterrichts hervor. Dabei ist in vielen Büchern offenbar das Verständnis leitend, es gehe nicht um Inhalte, sondern nur um die Sprache als System; die Inhalte, an denen geübt werde, seien belanglos. Das führt dann vor allem in Grammatik zu eigenartigen Sätzen, die inhaltlich leer, widersprüchlich oder falsch sind, die aber „üben", nämlich Grammatik. Solche Grammatikübungen bekommen anscheinend alle zu spüren, die Deutsch lernen. In Deutschbüchern für amerikanische Schüler und Studenten gab es vor geraumer Zeit noch Übungssätze wie: „Die Greise haben keine Zähne, aber Ruhm und Ehre“, was direkt aus einer lateinischen Grammatik abgeschrieben sein muß, oder: „Die fleißigen Vögel bauen ihre Nester in die Erdbeeren“, was falsch sein dürfte. Im letzten Krieg lernten amerikanische Flugzeugbesatzungen Deutsch, um sich im Falle eines Absprungs zu den eigenen Linien durchschlagen zu können. Einen Bauern, dem sie auf ihrer Flucht begegneten, sollten sie mit folgendem grammatisch sicher richtigen, aber entlarvenden Satz ansprechen: „Sei mir gegrüßt, freundlicher Landmann, wie geht es dir?“

Die Isolierung von Sprachregel und Sprachinhalt hat entscheidende Konsequenzen. Die Affirmativen der Regel gibt auch den Inhalten Affirmation, und wenn man einmal die Sätze, an denen Grammatik gelernt und geübt wird, aneinanderreiht, dann ist zu erkennen, daß sie nicht nur zufällig und nicht nur aus grammatischen Gründen aus allen möglichen Sätzen ausgewählt wurden. Die inhaltlichen Gründe für die Auswahl müssen bewußt gemacht werden und sich der Kritik stellen, sonst verfälschen die Inhalte die Grammatik.

„In allen Lehrbüchern der Grammatik finden sich, unterschieden nach der Satzaussage, drei Arten von Modellsätzen. Der Satz zum Beispiel ‚Im Zimmer steht ein Stuhl‘, ist, für sich, ein objektiver Satz, er teilt einen Satz mit, ohne ihn zu werten ... Ein Satz dagegen wie ‚Der Soldat steht Wache‘ täuscht Objektivität nur vor; in ihm ist eine allgemeine Übereinkunft versteckt ... Der Satz ‚Der Soldat steht Wache‘ heißt also nichts anderes als ‚Der Soldat soll Wache stehen‘; er ist ein getarnter Meinungssatz. Die dritte Art von Modellsätzen spricht gesellschaftliche Normen direkt aus. Es sind Sätze, die ... selber Meinungen bilden sollen. Sie belehren den Schüler über das, was lieb und was bös ist, darüber also, was die Gesellschaft der Erwachsenen für gut oder schlecht hält; es sind offene Meinungssätze. ‚Das Kind gehorcht seinem Vater‘ oder ‚Ein Auto zu kaufen ist schön‘ oder ‚Dieser Knecht dient seinem Herrn redlich'; hier wird der Unterricht in Grammatik Mittel zu einem ganz anderen Zweck.“ [15]

Die Frage nach der Bedeutung des Inhaltes für die Erziehung und Bildung der Kinder, der in der Sprache vermittelt wird, stellt sich besonders bei der Betrachtung der Lesebücher. Die Kritik an Lesebüchern ist alt und hat positive Wirkungen gezeigt. Es sieht so aus, daß der Bann, neue Lesebücher müßten aus alten Lesebüchern abgeschrieben werden, durchbrochen werden kann. Die Kritik an den Lesebüchern richtet sich zuerst gegen das erhebliche Nachhinken gegenüber der gesellschaftlichen Realität. Für die Lesebücher war unser Land bis vor kurzem vor allem ein Agrarland, in dem der Bauer noch mit der Hand und gemessenen Schrittes säte, in dem sich noch Mühlräder drehten und Schmiede am Amboß standen, in dem Mägde dienten und Brunnen plätscherten. Offenbar können Lesebücher nicht ganz „aus ihrer Haut“. Die Schwierigkeiten der Modernisierung, der Zuwendung zur heutigen Lebenswirklichkeit nach Form und Inhalt sind nicht in der Verstocktheit und Beschränktheit der Autoren zu suchen, sondern im Sprachverständnis des Lesebuchs. Das Lesebuch stellt sich meist unter den Anspruch, Sprache in vollendeter Form, als gültigen Ausdruck zu sammeln, zu bewahren und darzubieten. Was Dichter und Schriftsteller als Meisterstücke geleistet haben, das findet Eingang. Das Lesebuch rühmt die Sprache, es führt zu Anerkennung und Achtung und auch zum Erleben und zur Unterhaltung an dem, was Meister der Sprache geleistet und bewältigt haben. Die Übertragung der Sprachfähigkeit und Sprachbeherrschung des Meisters auf die Sprachfähigkeit und Sprachbeherrschung des Schülers ist meist nicht gegeben. Lesestücke kann man oft nur lesen und dann sagen, ob sie einem gefallen haben oder nicht. Zugänge zu einer intensiven, lebendigen und fruchtbaren Beschäftigung mit der Literatur bieten sie nur denen, die bei diesen „Hinaufleseübungen“ die unteren Absätze und Stufen schon bewältigt haben. Die Gültigkeit der

---

[15] K. Roehler, Die Abrichtung – Deutsche Sätze für Schüler und Erwachsene, in: Kursbuch 20/1970, S. 81.

Sprache ist verbunden mit einer Gültigkeit der Welt, die wenig Veränderung und Differenzierung erkennen läßt. Die Welt der Lesebücher war früher leicht schon an den Buchtiteln zu erkennen: Die frohe Fahrt – Die Silberfracht – Die Fähre – Lebensgut – Der bunte Kranz – Die Schatzkammer – Der Strom – Der Brunnen – Das Lebensschiff – Der Schatzgräber ... Auch die Gliederungen lassen die Natur als ordnende Kategorie hervortreten, wie folgende willkürlich ausgewählten Themenkreise zeigen: Die Luft ist blau, das Tal ist grün – Der Sommer kommt im Wanderschritt – Vom Frührot bis zum Abendschein – (Die gute Saat); In der Landschaft – Unter den Menschen – Freude bleibt an allen Wegen (Lesebuch der Realschulen): Aus allen vier Winden – Singen und Sagen – Aus alten Tagen – Über den Sternen (Der Schatzgräber); Jetzt fängt das schöne Frühjahr an – Wir tragen den Sommerbaum – Trara, das tönt wie Jagdgesang – Es war einmal (Das Lebensschiff). Geordnet ist dann auch die menschliche Gesellschaft und die Lebenswirklichkeit. Das fängt bei den vielen Märchen an mit stereotypen Schicksalen und Geschehnissen, stereotypen Personen und Eigenschaften. Da sind die Könige reich und gütig, weise und gerecht; die Zahl der handelnden Personen ist gering, ihr Charakter eindeutig gut oder schlecht. Die Stereotypie hört auch bei den „Geschichten aus dem Leben“ nicht auf. Die Rollen sind festgelegt. Konflikte gibt es keine, oder wenn doch ein Konflikt auftritt, dann ist es eine Panne, die es bei Verständnis und gutem Willen nicht hätte geben dürfen. Sprache als Sprache ist weder innerhalb der Lesebuchtexte noch beim Schüler, der mit dem Lesebuch arbeitet, herausgefordert.

Das ändert sich auch bei den neuen Lesebüchern nur langsam. Auch hier nehmen oft Gespräche und Auseinandersetzungen nur den geringsten Raum ein, Konflikte sind ausgespart, die sprachliche Aktivität des Schülers ist nicht relevant, nicht nötig. Im Raster eines Lesebuches bleibt auch heute noch z. B. eher die Geschichte von den „tollkühnen Männern mit ihren fliegenden Maschinen“ hängen, die man problemlos aufnehmen kann, als ein Bericht über den Bummelstreik von Fluglotsen in seinem Für und Wider und seinen Konsequenzen, mit denen man sich auseinandersetzen muß in eigener sprachlicher Anstrengung, wenn man etwas von ihnen „haben“ will. Bei gleicher Affirmität und gleicher Stereotypie ist für die Sprachförderung aller Schüler auch nicht viel gewonnen, wenn nur ein besserer sozialer Proporz erstrebt wird: mehr Fabrikarbeiter als Bauern, mehr Großstadt als Land, auch einmal eine Frau als Kranführerin, auch Anne Frank, auch einmal einen Gastarbeiter. Die Lektionen, die die Kinder in ihren Lesebüchern vor allem versäumen, das sind die Lektionen, die aus ihrem Leben heraus sprachlich bewußt werden sollten. Dafür müßte sie das Lesebuch aufmerksam machen und befähigen. Viele Lesebücher lenken ab, schläfern ein, lassen sprachlich inaktiv werden.

Das ist schon bei Fibeln der Fall, die nicht immer „wert sind, gelesen zu werden“, weil sie die Kinder im Ernst nicht sprachlich fördern. „Bei manchen Fibeln allerdings erscheinen Phantasie und Spiel nur als freundlich gemeinte Zutat. Die nette Aufmachung kann nicht hinwegtäuschen über die langweilige Konsequenz eines ausgeklügelten methodischen Weges ... Besonders problematisch sind verständlicherweise die Anfangstexte. Sie liegen gewöhnlich weit unter dem sprachlichen und geistigen Niveau der Schulanfänger ... Zu Recht lehnen die Vertreter der Ganzheitsmethode das anfängliche, die Kinder enttäuschende Gestammel mancher synthetischer Fibeln ab ... Aber auch die leiernden Wiederholungen mit beschränktem Wortschatz in einigen analytischen Fibeln schläfern die Aufmerksamkeit ein und können den Sprachstil der Schulanfänger nur negativ beeinflussen (... ‚im Garten sind Rosen – Rosen sind schön – im Wald sind Bäume – Bäume sind schön‘).“ [16]

Die Sprache der Schule ist zuletzt auch die Sprache der Schüler. Dies freilich nur in einem sehr eingeschränkten Maß. Denn die Sprache der Schüler ist zunächst einmal die Sprache der Schülerantworten, der Hausaufgaben, der Schularbeiten. Vor allem aber die Sprache der Aufsätze. Daß Schülerantworten

---

[16] S. Bauer, Die Fibel als Instrument der Sozialisation, in: Diskussion Deutsch 5/1971, S. 265.

und Hausaufgaben nur sprachliche Reaktionen der Schüler in engem vorgegebenem Rahmen sind, scheint zur Natur des Unterrichts zu gehören. Aber im Aufsatz soll der Schüler nach dem Urteil aller Fachpädagogen ja selbst zu Wort kommen, besonders im Besinnungsaufsatz. So heißt es in einem bekannten Buch der Sprach- und Aufsatzerziehung: „Der Besinnungsaufsatz verlangt vom Schreiber, daß er eine noch offene Frage, ein ‚Problem' des eigenen, persönlichen oder allgemeinen, überpersönlichen Lebens gründlich durchdenkt und so löst, daß der Leser von dieser Art der Lösung überzeugt ist."[17]

Mit der freien, gründlichen und differenzierten Entfaltung des Denkens und der Sprache ist es nicht weit her im Aufsatz. Die Themen sind nur in den seltensten Fällen Probleme des Schülers. Oft sind es Fragen, über die man nur nach eingehender Information und nach Auseinandersetzungen mit der Sache, wie sie etwa im Gespräch möglich sind, etwas sagen kann. Ein Aufsatz aber muß in wenigen Stunden geschrieben sein, er muß ein klares und eindeutiges Ergebnis haben. Das heißt, der Schüler darf sich gar nicht im Ernst auf die Sache, auf seine Motivation einlassen, sonst besteht die Gefahr, daß er nicht zum Ende kommt oder daß er das Thema verfehlt. Auch das weiß der Schüler: daß er für seinen Aufsatz eine Note erhält und daß der Lehrer die Kriterien hat, für das, was richtig und falsch ist, daß er seinen Aufsatz korrigiert. Die Aufgabe des Schülers besteht also darin, sich möglichst an die vom Lehrer erwartete Sprache und den vom Lehrer erwarteten Inhalt heranzuspielen, und nicht darin, seine Vorstellungen und Überlegungen möglichst gut sprachlich auszudrücken. Die Kriterien der Aufsatzbeurteilung sind widersprüchlich und scheinen willkürlich. Was der eine Lehrer einen guten Aufsatz nennt, kann für den anderen Lehrer ein schlechter Aufsatz sein. So ist der Musteraufsatz des Verfassers einer Aufsatzlehre von einem Schüler abgeschrieben und an die Verfasser anderer Bücher über den Deutschaufsatz zur Beurteilung geschickt und von

[17] Zitiert aus: M. Kienzle, Spracherziehung als Indoktrination, Frankfurter Hefte 1/1970, S. 37.

diesen mit allen möglichen anderen Noten bewertet worden. Die Schüler sind darauf angewiesen, auch im Aufsatz sich sprachlich anzupassen. Die sprachliche und inhaltliche Steuerung erfolgt in den Randbemerkungen und in der Schlußbeurteilung oft in allen sprachlichen Einzelheiten bis aufs Wort und bis auf den kleinsten gedanklichen Schritt. Und es gehört noch zu den harmlosesten Randbemerkungen, wenn ein Lehrer neben die Erzählung eines Kindes mit dem Satz „Sie liebten sich, bekamen ein Kind und heirateten“, schreibt: „Reihenfolge beachten!“ Oft werden die Schreiber in ihren Gedanken und ihrer Sprache abrupt unterbrochen mit Signalen wie: Gehört nicht hierher – schlechter Stil – unklar …

Sprache im sozialen Kontext – Kompensation als Sackgasse

Daß es Sprachverhalten gibt, das nicht aus der Sprache allein heraus zu erklären ist als einem System, zu dem man schrittweise nach Begabung, Alter und Förderung Zugang gewinnt und das man dann mehr oder weniger vollkommen beherrscht, ist eine späte Entdeckung der Erziehungswissenschaft. Mit am Anfang stehen die Beobachtungen Basil Bernsteins in England, daß Schüler offenbar auf verschiedene Weise sprechen, das heißt, daß es praktisch einen Sprachgebrauch mit verschiedenen Systemen ein und derselben Sprache gibt. Einen wesentlichen Hinweis gab die Analyse von Sprechpausen. Es ist zu beobachten, daß Kinder (und natürlich auch die Erwachsenen) beim Sprechen Pausen machen oder nicht. Die Pausen beim Sprechen haben offensichtlich die Funktion, daß der Sprechende überlegt, wie er weitersprechen will. Er plant also während des Sprechens: er entscheidet sich für bestimmte grammatische Konstruktionen, wählt die passenden Wörter aus, gliedert und organisiert die Sätze. Während des Sprechens wird also das, was man gerade sagt, konfrontiert mit dem, was man sagen will. Der Sprechende kann, während er spricht, seine Aussage steuern, neue Aspekte aufgreifen, Gesagtes korrigieren und ergänzen. Diese Kontrolle des Gesagten und die sprachstrategische Steuerung dessen, was gesagt wird, geschehen schon während des Sprechens, vor allem aber in Sprachpausen, die also nicht ein Zeichen für Sprachschwäche, sondern im Gegenteil Ausdruck einer differenzierten und entwickelten Sprachfähigkeit sind. Gemeint ist die Sprachbeherrschung, die schon Heinrich v. Kleist in seinem berühmten Aufsatz „Über die allmähliche Verfertigung des Gedankens beim Reden“

charakterisiert hat. Voraussetzung ist, daß der sprachliche Planende einen reichen Wortschatz hat, aus dem er auswählen kann, daß er über ein großes grammatisches Arsenal verfügt, das die unterschiedlichsten Konstruktionen zuläßt. Diesem auswählenden und planenden Sprachverhalten mit dem Kennzeichen von Sprechpausen steht ein Verhalten gegenüber, in dem Sprechpausen eine weit geringere Rolle spielen. Das Sprechen wird hier nicht geplant, sondern aus einem geringeren Vorrat sprachlicher Möglichkeiten, meist fester Redewendungen und Sprachmuster, werden Aussagen assoziierend zusammengesetzt, ohne daß ein großer Spielraum differenzierter Gestaltung besteht. Die Sprache ist einfacher. Was die beiden Verhaltensweisen besonders unterscheidet, ist ihre Voraussagbarkeit. Im einen Fall ist es kaum möglich, das vorauszusehen, was der Sprechende sagen wird, im anderen Fall kann man es mit hoher Wahrscheinlichkeit erwarten. Auf diese Planung und Voraussagbarkeit hin nennt Bernstein die beiden sprachlichen Verhaltensweisen Codes und kennzeichnet sie.

„Mit dem Begriff ‚Code', wie wir ihn hier benutzen, beziehen wir uns auf die Steuerungsprinzipien sprachlicher Selektion und Organisation. Wir wollen nun zwei grundlegende Typen von sprachlichen Codes umreißen und ihre regulativen Funktionen betrachten. Diese Codes sind definiert durch die relative Leichtigkeit oder Schwierigkeit, mit der diejenigen syntaktischen Alternativen vorausgesagt werden können, die die Sprecher zur Organisation von Bedeutungsgehalten auswählen. Wenn es innerhalb eines repräsentativen Textausschnittes schwierig ist, die syntaktischen Entscheidungen vorherzusagen, die in der Organisation der Sprache getroffen werden, dann wollen wir diese Sprachform als ausgebauten Code (elaborated code) bezeichnen. Im Falle dieses ausgebauten Codes wählt der Sprecher aus einem breiten Repertoire syntaktischer Möglichkeiten, die er wechselweise einsetzen kann. Dem ausgebauten steht der eingeengte Code (restricted code) gegenüber. Die syntaktischen Möglichkeiten eines eingeengten Codes können im Rahmen eines repräsentativen Ausschnittes sehr viel einfacher vorausgesagt werden, da sie aus einem kleineren Sprachrepertoire ausgewählt wurden. Während also der Gebrauch sprachlicher Möglichkeiten in einem ausgebauten Code flexibel ist, wird die syntaktische Organisation des eingeengten Codes durch Starrheit gekennzeichnet.“[18]

Bernstein hat in seinen frühen Untersuchungen versucht, an sprachlich-formalen Unterschieden die beiden Codes zu definieren, zuerst im Aufsatz „Sozio-kulturelle Determinanten des Lernens – mit besonderer Berücksichtigung der Rolle der Sprache“[19]. Wichtig ist dabei vor allem der restringierte Sprachcode. Er weist gegenüber dem elaborierten Sprachcode im ersten Abschnitt der theoretischen und begrifflichen Durchdringung deutliche Defizite auf. Hans Hielscher faßt die Charakterisierung des restringierten Codes durch Bernstein folgendermaßen zusammen.

„Gemessen an der Sprache der Mittelschicht, die wir als Norm setzen, weist der eingeschränkte Sprachcode der Unterschicht folgende konkrete Defizite auf:

eine weitgehend formale Satzplanung, unabhängig von der individuellen Situation,

die Unfähigkeit, verschiedene Rollen sprachlich unterscheidbar darzustellen,

einen größeren Anteil unvollständiger Satzbrocken,

durchschnittlich kürzere, syntaktisch weniger gegliederte Sätze,

eine geringere Koordination zwischen dem sprachlichen Vermögen und dem eigenen Verhalten in der Weise, daß eigene Handlungen sprachlich nicht begleitet bzw. untermauert werden können,

die Neigung, Sätze als Riesenwörter zu behandeln (statt ‚Das ist ein großer Hund‘ wird gesagt ‚Desisngroßahund‘), einen geringeren Wortschatz, insbesondere weniger Verben, Adver-

[18] B. Bernstein. Sprache, symbolisches Verhalten und soziale Schichtung, in: O. W. Haseloff, Kommunikation, Berlin 1969, S. 108.

[19] In: B. Bernstein, Soziale Struktur, Sozialisation und Sprachverhalten, Amsterdam 1970.

bien, Adjektive, Pronomina, und mehr grammatische Fehler."[20]

Bei weiteren Untersuchungen wurde es immer schwieriger, eine einfache und formale Charakterisierung aufrechtzuerhalten. Das läßt sich etwa am Beispiel des Wortschatzes zeigen. Natürlich ist häufig festgestellt worden, daß dem restringierten Code auch ein geringerer Wortschatz entspricht. Aber das ist nicht die richtige Charakterisierung. Es kommt darauf an, aus welchen Bereichen der Wortschatz stammt. So hat man festgestellt, daß die Wörter, die in Lesebüchern vorkommen, in hohem Maße Wörter sind, die Kinder mit elaboriertem Code bekannt und Kindern mit restringiertem Code unbekannt sind. Zum anderen gehören zum restringierten Code viele Wörter, die in ihrer Bedeutung nicht unterscheidend, sondern redundant sind. Im elaboriertem Code könnte man im Wortfeld „Polizei" z.B. erwarten: Kriminalpolizei, Grenzpolizei, Verkehrspolizei, Bereitschaftspolizei, Landpolizei, Bahnpolizei usw. Jedes dieser Worte hat eine spezifische Bedeutung und spricht gezielt an. Ebenso wäre zum Stichwort „Geld" zu erwarten: Kleingeld, Silbergeld, Scheine, Wechselgeld, Scheck usw. Mit solchen Wörtern läßt sich auch exakt angeben, was gemeint ist. Beim restringierten Code kann es zu den genannten Stichwörtern auch viele Wörter geben, nicht selten mehr als im elaborierten Code. So wäre bei Polizei zu erwarten: Bulle, Greifer, Polyp, Typ usw., bei Geld Moos, Kies, Zaster, Kohlen, Eier usw. Offensichtlich lassen die Wörter einen ganz unterschiedlichen Gebrauch zu und stehen in unterschiedlichen Erfahrungs- und Lebenszusammenhängen. Im einen Falle kann man Zusammenhänge erkennen und ansprechen, sachlich differenzieren, Wünsche äußern. Im anderen Falle sind Emotionen und Vorurteile stärker im Spiel. Die Wörter setzen auch nicht sprachliche Kommunikationen voraus.

Hier zeigt sich die Notwendigkeit, die Sprachcodes in ihrer sozialen Determination zu sehen und zu erklären. Bernstein

[20] H. Hielscher, Probleme und Möglichkeiten einer kompensatorischen vorschulischen Sprachförderung, in: Forum E, Heft 2/1971, S. 40.

ordnet den restringierten Code der Unterschicht und den elaborierten Code der Mittelschicht zu.

„Wir sind der Meinung, daß bestimmte soziale Situationen auch bestimmte Formen von Kommunikation wahrscheinlich machen ... Das gilt insbesondere, wenn folgende Umstände zusammentreffen: wenn eine soziale Gruppe durch ihre Schichtenzugehörigkeit – also als Ergebnis ihrer beruflichen Funktion – starke interne Bindungen entwickelt hat: wenn die Arbeitsbedingungen dieser Gruppe wenig Abwechslung und wenig Gelegenheit bieten, Entscheidungen zu treffen; wenn Forderungen nur durch kollektive, kaum durch individuelle Aktionen durchgesetzt werden können; wenn die Berufstätigkeit eher in Handarbeit als in Planung oder Entscheidung besteht; wenn die Einflußlosigkeit des Menschen im beruflichen Bereich dazu führt, daß er zu Hause Machtansprüche geltend macht; wenn die Wohnung überfüllt ist und damit geringe Abwechslung bietet; wenn die Kinder sich gegenseitig sozialisieren müssen und dies in einer Umgebung, die geistig wenig anregend ist. Treffen alle diese Umstände zusammen, dann ist die Vermutung gerechtfertigt, daß eine solche soziale Situation eine Kommunikationsform erzeugt, die die intellektuelle, die soziale und affektive Orientierung der Kinder formt."[21]

Die Sprachcodes werden durch die soziale Umgebung der Kinder vermittelt. So drückt die restringierte Sprache eben das aus, was in der Unterschicht Kommunikation bedeutet. Sie drückt aus, wie sehr sprachliche Kommunikation an den sozialen Kontext gebunden ist und nur in ihm und aus ihm heraus verstanden werden kann. Die Sprache trägt sich nicht selbst, sondern nur innerhalb des Verständniszusammenhangs ihrer Umgebung.

„In der Unterschicht überwiegt indes eine Sprach- und Kommunikationsweise, die die ‚persönliche Qualitikation' mit Hilfe des ‚expressiven Symbolismus' ausdrückt, das heißt nach Bernstein: ‚in nicht-sprachlicher Form oder mit Hilfe einer be-

21 B. Bernstein, Sprache, symbolisches Verhalten und soziale Schichtung, in: O. W. Haseloff, Kommunikation, Berlin 1969, S. 108.

man machen muß, damit aus den schmutzigen Haaren wieder saubere und trockene Haare werden."

Die Junglehrer nahmen die Antworten der sechsjährigen Kinder einer Wiesbadener Schule auf Tonband. Als Beispiel für den elaborierten Code ist Sandra zu nennen. „Meine Mutti tut erst meine Haare naß machen – dann tut sie Schampon drauf – dann wäscht se se mir – dann spült se se mir ab – und dann werden se noch einmal gewaschen – und dann werden se wieder abgespült unter der Brause ... dann werden meine Haare ein bißchen abgerubbelt – und dann krieg' ich ein Handtuch, und das wird oben zugebunden – und das muß ich dann drauflassen, bis es trocken ist."[23]

Ein Beispiel für den restringierten Code gibt Ursula: „Sonndachs – dann tut se – gege Schuppe – tut se so e Ding nemme – und dann tut se reibe – und dann mit de Dusch drüber, daß die Schuppe weg sin – dann tut si uns abtrockne – gibt se uns Esse – dann müsse mer im Bett – bis morge früh dann – dann muß ich wieder in die Schul."[24]

Die restringiert sprechenden Kinder werden in einer anderen Weise von der Schule herausgefordert, als sie es von ihrer Umwelt her gewohnt sind. Sie können mit der Sprache nicht mehr zurechtkommen, die bisher gegolten hat. Restringiert sprechenden Schülern gibt die Sprache des Lehrers nicht die Information, nicht die Signale, die sie brauchen, um in gleicher Weise wie die anderen Kinder angesprochen zu sein, um die gleichen Chancen zu haben. „Daraus ergeben sich zahlreiche Schwierigkeiten. Einerseits fehlen dem Kind aus der Unterschicht geeignete Anhaltspunkte, die es ihm erlauben würden, eine persönliche, emotional bejahte Beziehung zum Lehrer herzustellen, sich mit ihm zu identifizieren. Vom Standpunkt des Kindes aus der Unterschicht muß der Lehrer fremd und unpersönlich erscheinen, solange er sich der formalen Sprache bedient. Da das Kind aus der Unterschicht nur die „restriktive" Sprache kennt

[23] Canisius, Dörr, Nold, Schott, Sprache im Einflußbereich der Erziehung und Bildung, in: Forum E, Heft 21/1971, S. 49.
[24] Ebd.

– eine Sprachform, die unter Gleichgestellten gesprochen wird – und es diese oft in Situationen verwendet, für die sie nicht paßt, wird das expressive Verhalten mit der es begleitenden unmittelbaren Reaktion des Kindes aus der Unterschicht andererseits oft vom Lehrer unbewußt falsch gedeutet. Das mag wiederum zur Folge haben, daß der Lehrer den Schüler ablehnt und abwertet. Ein solches Verhalten führt aber zwangsläufig zu geringen Schulleistungen und niedrigem Leistungsstreben des Schülers."[25]

Der restringierte Sprachcode ist bisher meist als sprachliches Defizit bestimmt worden. Wenn es heißt: unvollständige Sätze, wenig Verben, Adverbien, Adjektive, syntaktisch wenig gegliederte Sätze usw., dann scheint sich als selbstverständlich die Aufgabe zu ergeben, solche Defizite auszugleichen. Diese Kompensation könnte geschehen durch Sprachübungen, durch das Erlernen grammatischer Strukturen und Regeln, durch den Erwerb eines größeren Wortschatzes, durch das Training längerer und komplexerer Sätze. Doch was ist damit erreicht? Der kompensatorischen Spracherziehung können nur formale Erfolge im Bereich der Schule gelingen. Die derart kompensierten Defizite und eine derart erworbene elaborierte Sprache haben im Bereich der sozialen und kulturellen Identität der Kinder keine Bedeutung. Die Kompensation verändert nicht die Motivation und die Kommunikationszusammenhänge der Kinder. Zu diesen Erfahrungen führten schon amerikanische Bemühungen einer kompensatorischen Erziehung. So hat man z.B. längere Zeit Negerkinder aus Slumgebieten mit sehr schlechten Schulen in Schulbusse gesetzt und sie in die Schulen der Wohnviertel der Mittelschicht gefahren, die in jeder Hinsicht gut ausgestattet waren, und dort gemischte Klassen gebildet. Obwohl die Kinder jetzt einen guten Unterricht genossen und auch sprachlich sehr gefördert wurden, war das Ergebnis sehr unbefriedigend. Denn die Kinder mußten ja jeden Tag in ihre soziale Umgebung zurück, und hier galt keine elaborierte

[25] H. G. Rolff, Sozialisation und Auslese durch die Schule, Heidelberg 1967, S. 59.

Sprache, hier waren Rollen und Gruppen, Strukturen und Funktionen so festgelegt, daß die Kinder, wenn sie die gelernte elaborierte Sprache anwenden wollten, nur frustriert wurden. In dieser Verunsicherung kam die Kompensation nicht zum Tragen. Sie konnte gar nicht leisten, was man von ihr verlangte.

Eine größere Chance liegt zweifellos darin, sich der restringierten Sprache zu bedienen, um Prozesse der Bewußtseins- und Willensbildung auszulösen und zu fördern, die auch zur Verbesserung der sozialen Situation und damit zu größeren kommunikativen Chancen der Sprachentfaltung führen. Entscheidend ist nicht die formale Weiterentwicklung eines Codes, sondern die Verstärkung seiner kommunikativen Kompetenz. Das soll an einem Beispiel für das Mißlingen und das Gelingen von Kommunikation deutlich werden. Ein Schulaufsichtsbeamter hatte einen ausländischen Arbeiter zu sich geladen, der sich weigerte, sein Kind auf die deutsche Schule zu schicken. Der Pädagoge, der die Heimatsprache des Ausländers sprach, legte ihm alle Argumente für die Notwendigkeit des Schulbesuches dar in aller Gründlichkeit und Ausführlichkeit. Der Ausländer hatte nur wenige und sehr schlecht vorgebrachte Gegenargumente und wurde glänzend widerlegt. Die etwa halbstündige Unterredung endete damit, daß sich der Ausländer den Argumenten fügen und nachgeben mußte. Ganz überzeugt schien er freilich nicht. Dafür kam er am nächsten Tag mit einer Gruppe von weit über zehn Personen in das Büro und bat den Beamten, ihnen alles noch einmal zu erklären. Der nahm sich die Zeit und setzte sich mit Frau und Tante, Bruder und Schwager in einem durchaus restringierten Code, der sich vor allem durch Redundanz auszeichnete und als Kreisgespräch in zahllosen, immer weiter variierten Wiederholungen verlief, auseinander. Das Gespräch dauerte mehrere Stunden, aber es wurde deutlich dabei, daß alle Beteiligten verstanden, worum es ging, und daß der Entschluß, das Kind nun auf eine deutsche Schule zu schicken, der eigenen Bewußtseins- und Willensbildung innerhalb der Verwandtschaftsgruppe entsprach und nicht als

Kapitulation vor dem sprachlich und argumentativ Überlegenen zustande kam.

Die Konsequenz ist, daß nicht die sogenannte restringierte Sprache defizitär ist, sondern die soziale Umgebung, in der dieser Code gilt und durchaus eine kommunikative Funktion erfüllt. Zu kompensieren ist also nicht in isolierter Weise ein bestimmter Sprachcode. Sprachcode und sozialer Kontext sind als sich gegenseitig bestimmender Zusammenhang zu sehen. Es kann auch nicht ohne diesen Zusammenhang entschieden werden, ob ein Sprachcode restringiert oder elaboriert ist. Der eine Code kann nicht der Maßstab des anderen sein. So gibt es auch im elaborierten Code durchaus Kennzeichen des restringierten, z. B. in Sprachritualen, die grammatisch und lexikalisch durchaus elaboriert sein können, und im restringierten Code die Möglichkeit einer elaborierten Kommunikation.

Was ein Code kommunikativ leistet, das hängt davon ab, ob in ihm Resignation überwunden wird, ob in ihm Bedürfnisse artikuliert werden, ob er im sozialen Kontext etwas erreicht. Einzelne Kennzeichen des restringierten Codes dürfen nicht isoliert gesehen werden. So kann die Redundanz sich kommunikativ sowohl positiv als auch negativ auswirken. Wie sich Redundanz mit dichotomischem Bewußtsein resignierend verbindet, zeigt am Beispiel der Bottroper Protokolle zur Zeit der Ruhrkrise, als viele Zechen stillgelegt wurden, Erika Runge.

„Ich interessier' mich eigentlich nicht für Politik. Mein Mann, der schimpft da schon immer. Sagt er: ‚Interessier dich mal 'n bißchen dafür, das ist gut für dich'. Naja, wenn ich mal meine Arbeit fertig hab'...

Ich hör' schon mal Tagesschau oder guck' schon schnell in 'ne Tageszeitung 'rein, wat da Neues drinsteht oder so, nich, aber muß schon sagen, sonst interessier' ich mich auch nich für Politik.

Und wegen Rheinbaben, die sind alle so am Sagen: ‚Das wird noch wat geben, dat steht fest.' Aber wat soll man dagegen tun? Wir Armen können ja auch nichts dagegen tun, daß die Zeche stillgelegt wird. Heute mittag, wo ich einkaufen gegangen bin, da sagte mir die Geschäftsfrau auch: ‚Mein Gott', sagte se, ‚wat wird dat noch geben? Früher ham se die Taschen immer vollgeholt, und heute holn sie se nur noch zur Hälfte.' Ich sag': ‚Da seid ihr auch ein Teil mit Schuld. Verkauft doch eure Ware nicht so teuer, verkauft's doch 'n bißchen billiger.' ‚Ja', sagt sie, ‚wenn wir die billiger machen, dann wird woanders wieder aufgeschlagen.' Ich sag': ‚Dann müßt ihr alle zusammengreifen, dann müßt ihr alle zusammen sagen: Jetzt ist Stopp, jetzt wern wir mal die Preise 'n bißchen senken. Und dann werd' ihr auch wieder eure Ware los.' ‚Ja' sagt sie, ‚ich versteh' das nicht. Und jetzt überhaupt noch, wenn sie Rheinbaben stillegen, dann wer' ich überhaupt nichts mehr los, dann könn' wir unser Geschäft bald schließen.'"[26]

Die Sprachbarriere dieses restringierten Codes ist allein zu überwinden mit Bewußtsein und Aktivität im sozialen Kontext, mit Motivation und Engagement, in der Mitbestimmung und Differenzierung der eigenen Rollen und der sozialen Wirklichkeit.

[26] Bottroper Protokolle, aufgezeichnet von E. Runge, Frankfurt a.M. 1968, S. 53.

Das Kriterium ist die kommunikative Kompetenz

Wie sich Sprachbarrieren auswirken, das zeigt sich am deutlichsten, wenn Menschen „das Wort ergreifen". Viele können gar nicht „das Wort ergreifen", oder sie können nicht damit umgehen. Die Unfähigkeit zum Gespräch ist weit verbreitet. Sich an Gesprächen beteiligen zu können, das gilt auch nicht viel. Eher gilt es, wenn man das Wort „beherrscht", und zwar in der Rede. Als gute Sprachbeherrschung gilt, wenn man andere mit seiner Sprache zum Schweigen bringen kann. Bei Vorträgen wird zwar meist angekündigt, daß im Anschluß eine Aussprache stattfindet, aber zu dieser Aussprache kommt es dann kaum; einmal weil der Vortrag so „gut" war, daß man darüber nicht mehr zu sprechen braucht, und zum anderen, weil nicht viele Menschen dazu fähig sind, an einer Aussprache teilzunehmen. Wer einmal das Wort ergriffen hat, gibt es nicht mehr her. Man kann häufig die Beobachtung machen, daß eine Aussprache, wenn sie stattfindet, gar keine ist, sondern eine zusammenhanglose Aufeinanderfolge von kürzeren oder längeren Vorträgen. Daß man aufeinander hört und aufeinander eingeht, ist selten. Dabei können solche Aussprachen und Gespräche sprachlich sehr elaboriert sein. Was ihnen fehlt, ist das Kommunikative. Hier sind restringierter und elaborierter Code oft in gleicher Weise eingeschränkt. Die allgemeinen Defizite der kommunikativen Kompetenz der Sprache treten besonders im deutschen Sprachbereich auf. Interessanterweise werden in den slawischen Sprachen die Deutschen als die Sprachlosen bezeichnet. Das Charakteristikum der Sprachlosigkeit trifft in gewisser Weise im Blick auf die kommunikative Leistung der Sprache zu. Das liegt aber nicht an der Entwicklung und Komplexität der deutschen Sprache, sondern an der Bedeutung und Ausbildung der Kommunikation in allen gesellschaftlichen Bereichen.

Die Entwicklung einer kommunikativen Kompetenz ist blokkiert, solange einer „das Sagen" hat und der andere nicht, solange es Sprachrollen des Sprechens und des Zuhörens gibt. Das geht durch alle Bereiche der Sozialisation und Erziehung. In vielen Familien sind Gesprächs- und Ausspracheverläufe festgelegt und irreversibel auf die Familienmitglieder verteilt. Gespräche als offene Kommunikation gibt es in der Familie sowenig wie in der Schule. Was dort sogar offiziell methodisch als Unterrichtsgespräch firmiert, ist eine Kommunikation in engem Rahmen. Wie eng der Rahmen ist, wird z.B. am Lehrerecho deutlich. Schüleräußerungen gelten oft erst dann, wenn sie vom Lehrer wiederholt werden und damit die Bestätigung der Kompetenz erhalten. Von der Organisation des Unterrichts und seinen Zielen her besteht gegen eine offene Kommunikation das Mißtrauen, daß die Sache „zerredet" wird, daß an ihr „vorbeigeredet" wird, daß dem Lehrer die Unterrichtsplanung und der Stundenverlauf aus der Hand gleiten. Was „durchgenommen" wird, soll von der Darbietung und nicht von der Kommunikation bestimmt und getragen werden.

Kommunikation gehört nicht zu den bevorzugten Zielen der Erziehung und Bildung in der Familie und der Schule. Die dabei entstehende Schwäche in der sprachlichen kommunikativen Kompetenz entspricht offenbar dem geringeren Anspruch an Kommunikation und der geringen Chance für Kommunikation in Beruf und Öffentlichkeit. Im Beruf sind Kommunikationsverläufe meist vertikal nach einer hierarchischen Betriebsordnung programmiert im Verlauf von oben nach unten bei gegenläufiger Rückmeldung. Am Arbeitsplatz selbst sind Gespräche nicht selten verpönt. Meistens ist die Sprache bei der Arbeitsorganisation fast völlig ausgeschaltet. So ist bei der Fließbandproduktion, im Akkord, unter den häufigen Bedingungen von Lärm usw. eine sprachliche Kommunikation gar nicht möglich. Wieweit hier menschliche Grundbedürfnisse unterdrückt werden, zeigen der steigende Widerstand gegen die „Langweile am

Arbeitsplatz" und das Unbefriedigtsein in einem Arbeitsprozeß, in dem man zum Schweigen verurteilt ist. So mehren sich Formen der Gruppenarbeit auch im Bereich der industriellen Produktion, in denen gemeinsam geplant und gearbeitet wird, in denen die sprachliche Kommunikation sich als Mitbestimmung am Arbeitsplatz auswirkt und deshalb in einer anderen Weise und elaboriert herausgefordert wird gegenüber dem restringierten Gespräch in der Frühstückspause, das wirkungslos für die Bestimmung der sozialen Rolle bleibt. Auch der Übergang zum Großraumbüro geschieht zum Teil in der Absicht, eine vertiefte und erweiterte Kommunikation zu ermöglichen.

In der Öffentlichkeit und vor allem im Bereich der Freizeit sind die Einflüsse einer Blockierung und Verhinderung eigener kommunikativer Kompetenz sehr groß. Das fällt in hohem Maß in der Werbung auf, in der die Sprache stark zurückgedrängt wird durch das Bild und die Kommunikation im Slogan erstarrt. Zur restringierten Kommunikation gehören auch die ritualisierten Verkaufsgespräche, die in programmierten Unterweisungen eingeübt werden, z.B. in dem Programm: Es beginnt mit einem Lächeln...

Daß auch bei elaborierter Sprache die Kommunikation einseitig und eingeschränkt sein kann, dafür liefert die kommunikative Situation des Studiums den Beweis. Der Normalfall eines Studiums ist gekennzeichnet durch Vorlesungen, die man sich einprägt oder mitschreibt und bei denen die Kommunikation im Zuhören oder Weghören besteht, durch Seminare mit Referaten und einer schon gekennzeichneten Aussprache und durch Einzelarbeit. Die kommunikative Isolation ist dabei sehr groß.

Wieweit auch elaboriertes Sprachvermögen nicht kommunikativ dynamisch genutzt wird, zeigen die Gespräche, die als Rituale sprachlich restringiert ablaufen, obwohl sie syntaktisch und lexikalisch elaboriert sind. Früher wurden solche Gespräche für die „bessere Gesellschaft" häufig als Muttergespräche verbreitet und geübt. In einer Sammlung solcher Salongespräche geht es um Fragen des privaten Verkehrs. Da ist folgende Aufforderung zum Tanz.

„Auf einem Ball bittet ein junger Mann den Arrangeur, ihn einer bezeichneten Dame als Tänzer vorzustellen.

Der Herr: Dürfte ich Sie wohl ersuchen, mein Herr, mich jener Dame im blauen Kleide vorzustellen, damit ich mir das Vergnügen erbitte, mit ihr den nächsten Contretanz zu tanzen? Mein Name ist...

Der Arrangeur: Mit Vergnügen erfülle ich Ihren Wunsch, der Ihrem Geschmacke alle Ehre macht. Ihn der Dame vorstellend: Kraft meines Amtes bin ich so frei, Ihnen hiermit Herrn... vorzustellen –

Der Herr einfallend: Der sich die Bitte erlaubt, ihm das Vergnügen zu gewähren, für den nächsten Contretanz mit Ihnen antreten zu dürfen.

Die Dame: Ich bedauere lebhaft, diesem Wunsch nicht entsprechen zu können; indessen erlaube ich mir die Bemerkung, daß ich den zweiten Contretanz noch nicht vergeben habe, den ich Ihnen mit Vergnügen einräumen würde.

Der Herr: Ich bin Ihnen, mein Fräulein, unendlich verbunden und erbitte mir für einen Augenblick Ihre Tanzordnung, um auch meinen Namen in der Reihe derjenigen Platz finden zu lassen, welche sich rühmen können, Ihre Tänzer zu sein. Nach Einschreibung des Namens: Ich harre mit Ungeduld des Augenblickes, da die gewünschten Töne erklingen, und empfehle mich bis dahin höflichst.

Die Dame erwidert stumm und höflich den Gruß, sich halb von ihrem Sitz erhebend.

Der Herr zum Arrangeur: Ich bin Ihnen für Ihre freundliche Bereitwilligkeit sehr verbunden.

Der Arrangeur: Es gereicht mir zum Vergnügen, Ihnen gefällig sein zu können.“ [27]

Diese Sprache ist als Ritual kommunikativ genauso eingeengt wie die restringierte Aufforderung zum Tanz:

„Na komm, Puppe.“

Ritualisierte Kommunikation ist auch rollenfixiert und vor-

---

[27] L. v. Reinbeck, Salon-Gespräche, München 1970, S. 58/59.

aussagbar. Sie zwingt die Menschen mit dem bestimmten sprachlichen Verhalten auch in ein bestimmtes soziales Verhalten, das zuletzt alle an der Kommunikation Beteiligten benachteiligt. Das Beispiel eines weiteren Mustergespräches zeigt die Zwänge eines Rollenleitbildes für die Frau, die sich als einfältig und naiv darstellen muß.

„Ein junger Mann trifft mit einem jungen Mädchen zusammen, welches ihm auf seine schriftliche Bitte ein Rendezvous zugestanden hat.

Der junge Mann: Sie machen mich unaussprechlich glücklich, daß Sie meine Bitte erfüllt haben.

Das junge Mädchen: Ich hätte es eigentlich nicht tun sollen! – Denn was werden Sie von mir denken?

Der junge Mann: Ich denke – daß ich Ihnen nicht ganz gleichgültig bin. Denke ich da falsch?

Das junge Mädchen: Leider nein!

Der junge Mann: Leider? – Bereuen Sie es denn, daß Sie meinen Wunsch erfüllt haben, oder halten Sie es für ein Unglück, daß ich Ihnen nicht gleichgültig bin?

Das junge Mädchen: Ach, Sie verwirren mich ganz durch Ihre Worte. – Ich verstehe mich nicht auf solche Zungengefechte!

Der junge Mann: Sie hätten nicht leicht etwas sagen können, was mehr zu Ihrem Lobe gereichte.

Das junge Mädchen: Ist es denn ein Ruhm, so einfältig zu sein, wie ich es bin?

Der junge Mann: Einfältig sind Sie nicht, mein liebes Fräulein, sondern nur unbefangen, unschuldig wie ein Kind, und das ist es eben, was mich an Ihnen bezaubert hat.“[28]

Sprachbarrieren werden vor allem überwunden, wenn die kommunikative Kompetenz des Sprechenden gestärkt wird. Das muß situationsbezogen im sozialen Kontext geschehen. Wenn dabei die kommunikativen Leistungen der verschiedenen Codes deutlich erfahrbar und einsichtig werden, ist die

---

[28] Ebd. S. 113.

Herausforderung gegeben und wirksam, das Sprachverhalten zu erwerben und auszubilden, das kommunikativ in der gesellschaftlichen Wirklichkeit am meisten leistet.

Dies versucht etwa ein Sprachprogramm für Gastarbeiterkinder, das unterschiedliche Gespräche nach ihrer kommunikativen Leistung gegenüberstellt, z. B. in der Auseinandersetzung um einen Versuch, beim Spiel zu mogeln.

„Dieter und Marion spielen Karten. Plötzlich gibt es Streit.

Dieter:	*Marion:*
Halt, du hast gemogelt!	Hab' ich nicht!
Ich hab' es doch gesehen!	Was du schon siehst!
Das sieht ja jeder!	Was du nicht sagst!
Mit dir spiel' ich nicht mehr!	Spielverderber!

Alexandra und Achim spielen Karten.

Alexandra:	*Achim:*
Eben hast du die Karten vertauscht.	Wieso? Ich hab' sie ehrlich verteilt!
Nein, du hast außer der Reihe die eingeknickte Karte da genommen.	Na und, was ist denn dabei?
Dreh sie doch einmal um. Siehst du, die beste Karte. Die ist markiert.	Das hab' ich nicht gemacht, die war schon so!
So können wir nicht spielen. Wir nehmen die Karte heraus.	Was sollen wir denn tun? Na gut. Und meinetwegen kannst du jetzt verteilen.

Dieter und Marion werden beim Streit immer wütender. Alexandra und Achim schlichten ihren Streit."[29]

Die Kinder sollen Sprache nach ihrer kommunikativen Leistung beurteilen lernen und befähigt werden zu dem Sprachverhalten, das ihren Bedürfnissen nach Selbstentwicklung und Selbstbehauptung entspricht.

[29] H. Müller u. E. Moering, mitreden können 2/4, Düsseldorf 1973, S. 63.

Sprachbarrieren in der sozialen Integration

Ausländerkinder in deutschen Schulen – Außenseiter ohne Chance?

Das bekannte Wort von Max Frisch: Arbeiter haben wir gerufen, und Menschen sind gekommen, charakterisiert treffend die Einstellung vieler Deutscher gegenüber den Gastarbeitern. Schon das Wort verrät Verdrängung und Illusion. Verdrängt werden soll die Erinnerung an die über 5 Millionen Zwangsarbeiter, Fremdarbeiter oder Ostarbeiter, die während des letzten Krieges in die Rüstungsindustrie gepreßt wurden. Das beschönigende Wort Gastarbeiter ist noch vor dem Kriegsende von den Nationalsozialisten erfunden worden. Die Illusion dieser Bezeichnung liegt im Wunsch, der Aufenthalt der Ausländer solle nur auf kurze Zeit begrenzt sein. Demzufolge glaubt man, ihnen zumuten zu können, daß sie ohne Familienangehörige in Betriebsunterkünften mit Feldbett und Eisenspind und aus dem Koffer leben. Unter der These: Die Bundesrepublik ist kein Einwanderungsland, und nach dem sogenannten Rotationsprinzip glaubt man aller sozialer Folgelasten, das heißt der menschlichen Verantwortung, ledig zu sein. Die Wirklichkeit sieht ganz anders aus. Die Zahl der Gastarbeiter ist seit 1955 laufend gestiegen. 1965 wurde die Millionengrenze überschritten und 1971 die Grenze von 2 Millionen. 1973 sind etwa 2,5 Millionen erreicht; mit den Familienangehörigen sind es dabei über 4 Millionen. Denn die durchschnittliche Aufenthaltsdauer verlängert sich von Jahr zu Jahr. Die meisten Gastarbeiter sind schon über 5 Jahre in der Bundesrepublik. Die Familienzusammenführung ist allgemein praktiziert. Heute dauert es nicht mehr wie früher noch Jahre, bis die Familien in der BRD vereint sind, da viele Ausländer ihre Familien mitbringen oder gleich nachholen. Meist sind auch die Frauen berufstätig. Der

Bedarf an Arbeitskräften in der BRD, besonders in den Sektoren der Wirtschaft, in denen die ausländischen Arbeitnehmer tätig sind, wird in aller voraussehbaren Zukunft weitersteigen. Deshalb sprechen auch alle Planungen und Prognosen, die bis 1985 bzw. 2030 reichen, von einem steigenden Bedarf an ausländischen Arbeitskräften, nachdem andere Rekrutierungsfelder längst erschöpft sind und auch die Geburtenentwicklung auf längere Sicht geringere Quoten der jüngeren Jahrgänge erwarten läßt.

In diesem Horizont ist die Situation der Gastarbeiterkinder in der BRD alarmierend. Es hat lange gedauert, bis für sie in allen Ländern der Bundesrepublik die allgemeine Schulpflicht eingeführt war, und zwar bis 1967. Heute unterliegen alle ausländischen Kinder in der BRD der gleichen Schulpflicht wie die deutschen Kinder. Tatsächlich wurde die Schulpflicht nur in geringem Umfang verwirklicht. Einmal war und ist die Erfassung dieser Kinder schwer. Im Rahmen der Arbeitsverträge werden Kinder nicht registriert, bei den Einwohnermeldeämtern sind sie oft nicht angemeldet. Viele ausländische Eltern sind nicht daran interessiert, daß ihre Kinder deutsche Schulen besuchen; die schulpflichtigen Kinder sollen ihre kleinen Geschwister beaufsichtigen oder selbst schon Geld verdienen. Die deutschen Schulen geben sich oft keine große Mühe, den Schulbesuch aller Gastarbeiterkinder sicherzustellen. Einmal ist es oft schwer wegen der hohen Fluktuation. Häufiger Wohnungswechsel ist z. B. durch das kurzfristige Wohnen in Abbruchhäusern oder durch Wechsel der Arbeitsstelle gegeben. Wie eine kurze Klassenzugehörigkeit eine sinnvolle Arbeit in Frage stellt, so ist auch bei jeder Abmeldung eine Neuanmeldung fraglich. Oft werden die Kinder gar nicht abgemeldet, sondern erscheinen einfach nicht mehr zum Unterricht. Oft erhält der Lehrer nur die mündliche Erklärung eines Mitschülers, das Kind sei mit den Eltern in die Heimat zurückgekehrt. Bei längerem unentschuldigtem Fehlen hat die Schule große Schwierigkeiten, den Schulbesuch durchzusetzen. Sie geht den Schwierigkeiten nicht ungern aus dem Weg, weil sie mit den ausländischen Kindern meist nichts anzufangen weiß und sie als große Belastung empfindet. Diese Abwehr und Hilflosigkeit der Schule ist darin begründet, daß die Kinder nicht deutsch sprechen. So baut sich die überwältigende Dunkelziffer der schulpflichtigen Kinder, die keine Schule besuchen, nur langsam ab bei einem extremen Ansteigen der schulpflichtigen Kinder. Ihre Zahl kann nur geschätzt werden, hat aber die halbe Million schon überschritten.

Bei der Barriere der Unkenntnis der deutschen Sprache scheint zunächst der Gedanke naheliegend, den Gastarbeiterkindern Schulen in der Heimatsprache einzurichten oder die Einrichtung solcher Schulen als Privatschulen zuzulassen. Dies ist aber schon deshalb nicht möglich, weil sich in weiten Bereichen nur geringe Schülerzahlen ergeben und deshalb isolierte Zwerg- und Gettoschulen gebildet werden müßten bei der Unmöglichkeit einer Differenzierung des Unterrichts und einer begabungsgerechten Förderung des einzelnen Kindes. Die Frage der Lehrer ist sowenig zu klären wie die der Organisation in der Ausstattung der Schulen. Der Gettocharakter der Ausländerschulen würde sich auch darin fortsetzen, daß die Kinder in einer Gesellschaft leben, in der ihre Heimatsprache nur in der Familie gilt und eine weitere Kommunikation nicht möglich ist. Entscheidend ist für die Undurchführbarkeit des Gedankens ausländischer Schulen in der BRD, die nur einen Teil der ausländischen Kinder erfassen könnte, eine doppelte Sprachlosigkeit, die den ausländischen Kindern droht. Die Gefahr der Sprachlosigkeit besteht einmal gegenüber der deutschen Sprache. Es erscheint ausgeschlossen, daß die Kinder bei den eigenen Voraussetzungen und den möglichen Voraussetzungen von Heimatschulen Deutsch lernen. Sprachlosigkeit droht den ausländischen Kindern aber auch in ihrer eigenen Muttersprache. Gastarbeiterkinder beherrschen durchweg ihre Muttersprache nur unvollkommen. Sie haben sie in der sozialen Umgebung ihrer Heimat nur eingeschränkt und in wenig ausgebildetem Dialekt gelernt. Auch ihre Eltern sprechen die Heimatsprache in einem restringierten Dialekt und können ihre Kinder sprachlich nicht fördern. Dazu kommt, daß in Deutschland die sprachlichen Kontakte der Eltern mit ihren Kindern verarmen, weil die Eltern oft beide berufstätig sind, zusätzliche Tätigkeiten übernehmen, abends müde sind und deshalb mit den Kindern nur wenig sprechen können und sprechen wollen. Weiterhin wirkt sich für das sprachliche Verhalten der Eltern wie der Kinder die Tatsache aus, daß ihre Heimatsprache in ihrer Umgebung nicht gesprochen wird, nicht auf der Straße, in den Geschäften, den Verkehrsmitteln, nicht auf den Spielplätzen, am Arbeitsplatz, nicht im Fernsehen und nicht in den Zeitungen und Zeitschriften. Der Sprachgebrauch und die Sprachkompetenz der Eltern schränkt sich immer weiter ein, und die Kinder verlernen ihre Sprache. Schulen für Gastarbeiterkinder in der BRD, die Erziehung und Bildung ganz auf die Heimatsprache stellen wollten, wären in ihrem Bemühen zum Scheitern verurteilt.

Die einzige Sprache, die in der BRD die Sozialisation, die Erziehung und Bildung der Gastarbeiterkinder tragen kann, ist die deutsche Sprache. Das einzige Schulsystem in der BRD, das umfassend und differenziert genug ist, um eine begabungsgerechte und deshalb weiterführende Schulbildung der Gastarbeiterkinder zu gewährleisten, ist das deutsche Schulsystem. Es ergeben sich zwei Konsequenzen, die miteinander verbunden sind: Gastarbeiterkinder müssen deutsche Schulen besuchen, und sie müssen Deutsch lernen, um diese Schulen besuchen zu können. Das führte in den Ländern der BRD zu Regelungen des Schulbesuchs, die zwar einzelne Unterschiede aufweisen, aber in der Tendenz gleich sind. Wenn Gastarbeiterkinder das schulpflichtige Alter erreichen, werden sie zusammen mit den deutschen Kindern eingeschult. Man geht dabei von der Erwartung aus, daß die Kinder dem deutschen Unterricht folgen können, wenn sie von Anfang an dabei sind. Für Kinder, die in höherem Alter in die Schule kommen, sind Übergangsmaßnahmen zum Erlernen der deutschen Sprache vorgesehen. Es werden nach Möglichkeit sogenannte Einführungs- oder Übergangsklassen gebildet mit Kindern gleicher Nationalität, in denen diese neben einem Unterricht in der Muttersprache Deutschunterricht erhalten, bis sie genügend Deutschkenntnisse besitzen, um in die entsprechenden deutschen Klassen übergeleitet zu werden.

Die Einführungs- und Übergangsklassen bzw. Sonderklassen haben bisher ihre Aufgabe nicht erfüllt und versagen. Die Gastarbeiterkinder lernen kaum Deutsch in ihnen. Das hat verschiedene Gründe: viele ausländische Lehrer sind nicht in der Lage, Deutschunterricht zu erteilen; der von den anderen Lehrern zu haltende Deutschunterricht fällt oft aus, so daß viele Ausländerklassen überhaupt keinen Deutschunterricht haben; die Kinder haben ein geringes Interesse, Deutsch zu lernen, weil sie ja mit den Kindern in ihrer Klasse in der Heimatsprache reden können und keinen Kontakt mit deutschen Kindern haben; viele Eltern möchten nicht, daß ihre Kinder Deutsch lernen, sie befürchten eine sprachliche Entfremdung zwischen sich und den Kindern und glauben, daß die Kinder bei der geplanten Rückkehr in die Heimat Schwierigkeiten haben, den Anschluß an das heimische Schulsystem zu finden. Deshalb betrachten sie die ausländischen Klassen als Heimatschulen, in denen den Kindern der Sprach- und Bildungszusammenhang mit der Heimat gewahrt bleibt. Das hat zur Folge, daß die Übergangsfunktion der Ausländerklassen blockiert wird. Nach den Verfügungen der Länder sollen die Kinder nur so lange in diesen Klassen bleiben, bis sie genug Deutsch verstehen, um in die entsprechenden deutschen Klassen überzugehen, längstens jedoch ein Jahr. Tatsächlich bleiben die ausländischen Kinder oft viele Jahre in solchen Klassen. Es gibt Ausländerklassen, die vier Jahre und länger keine Kinder abgeben, sondern immer nur neue aufnehmen. Das führt zu Klassen mit über 50–60 Schülern mit verschiedenen Jahrgängen, in denen immer wieder gleiche Stoffe in einer sehr schlechten Lehrmethode wiederholt werden. Es liegt auf der Hand, daß die Kinder dabei auch in ihrer Heimatsprache keine Fortschritte machen.

In den meisten Fällen ist es nicht möglich, Ausländerklassen zu bilden. Die Gastarbeiterkinder kommen hier in deutsche

Klassen. Ob sie Deutsch lernen und den Anschluß finden, ist mehr ein Glücks- als Normalfall. Die Förderung der Kinder ist der persönlichen Initiative der Lehrer überlassen und der außerschulischen Betreuung, wie Hausaufgabenhilfe, Arbeitskreisen usw., die von Schülern und Studenten, von Erwachsenen und Eltern getragen werden. Viele Verbände leisten Hilfe. Allein von studentischer Seite gab es im Sommer 1973 über 200 Arbeitskreise in der BRD, die mit außerordentlichen Anstrengungen und großem Engagement meist ohne jede Hilfe und Unterstützung Gastarbeiterkinder betreuten und ihnen Deutschunterricht erteilten. Diese Hilfe aus privater Initiative und persönlicher sozialer Verantwortung heraus kann nur ein Tropfen auf den heißen Stein sein, solange die Verhältnisse an den Schulen nicht grundlegend geändert werden. Das Problem der Gastarbeiterkinder darf nicht auf den Schultern der Schüler, weder der ausländischen noch der deutschen, und nicht auf den Schultern der Lehrer ausgetragen werden. Aber gerade das ist der Fall.

Die Gastarbeiterkinder sitzen in den verkehrten Klassen. Sie sitzen in Klassen, für die sie zu alt sind. Von offizieller Seite scheut man sich, darüber Untersuchungen zu machen, weil man die unangenehmen Ergebnisse voraussieht, von denen man nichts wissen will. In einzelnen Ländern, Gemeinden und Schulen sind solche Untersuchungen gemacht worden. Sie ergaben, daß über die Hälfte der Gastarbeiterkinder in den Klassen überaltert waren. Selbst Altersunterschiede in den Klassen von fünf Jahren waren keine Seltenheit.

Die Gastarbeiterkinder sitzen zu lange in den Klassen; oft viele Jahre in derselben Klasse. Da sie nicht Deutsch können und demzufolge immer wieder sitzenbleiben, erfüllen sie ihre Schulpflicht in unteren Klassen und werden nach Erreichen der schulpflichtigen Altersgrenze ohne irgendeinen Schulabschluß entlassen. Nach Untersuchungen erreichen über 60% der Gastarbeiterkinder noch nicht einmal den Schulabschluß der Hauptschule. Die Effizienz der Schule ist also erschreckend gering.

Die Gastarbeiterkinder sitzen auf den falschen Plätzen in der Klasse. Sie sitzen hinten in den Klassen, auf den Plätzen der Außenseiter. Oft sitzen sie ihre Zeit ab, ohne daß jemand mit ihnen spricht, sich mit ihnen beschäftigt, ihnen Anregungen gibt, auf sie eingeht. In den Pausen stehen sie gemieden in der Ecke. Die deutschen Schulen sind für sie Schulen der Sprachlosigkeit; Schulen, in denen sie nicht gefördert, sondern benachteiligt werden.

Der Schatten der Sprachbarriere, die sich inzwischen wie eine riesige Mauer aufgetürmt hat, fällt auch auf die deutsche Schule und die deutschen Kinder. Denn die Zahl der Gastarbeiterkinder hat die Zahl von 500000 überschritten und steigt noch weiter. Es gibt immer weniger deutsche Klassen, in denen keine Gastarbeiterkinder sitzen. Die Verlautbarung der Kultusministerkonferenz vom 3. Dezember 1971 stellt zwar die Forderung auf, daß in deutschen Klassen und Schulen nicht über 20% ausländischer Kinder sein sollen, aber das ist reines Wunschdenken. In vielen Klassen und Schulen sind 30, 40 und 50% bereits überschritten. In manchen Bezirken und Gemeinden wäre die Schülerzahl schon seit geraumer Zeit rückläufig ohne die Gastarbeiterkinder, auf die der tatsächliche Anstieg zurückgeht. In den Klassen und Schulen übt heute die schweigende Minderheit oder Mehrheit der Gastarbeiterkinder einen Einfluß aus, der sich auch sprachlich bemerkbar macht. Wenn die Kommunikation mit den Gastarbeiterkindern blockiert ist, besteht die Gefahr von Aggression und Vorurteilen, was sich sprachlich in Stereotypen und in einer Verarmung der sprachlichen Aktivität äußern kann.

Weiterführende Schulen werden von Gastarbeiterkindern kaum besucht. Hier ist, wie sonst auch, ein Unterschied zu machen zwischen Ausländerkindern im allgemeinen und Gastarbeiterkindern im besonderen. Ausländerkinder kommen gewöhnlich in deutschen Schulen gut mit und besuchen auch weiterführende Schulen, wenn sie ihre Muttersprache gut beherrschen, an der Schule interessiert sind, gute Kontakte zu ihren Mitschülern haben, von ihnen anerkannt werden, wenn ihre Eltern am Schulerfolg interessiert sind und auch ihrerseits die Kinder fördern und motivieren. Vor einigen Jahren (1969) wurde in einer Frankfurter Untersuchung festgestellt, daß rund 390 Ausländerkinder Frankfurter Gymnasien besuchten, das waren etwa 3% aller Frankfurter Gymnasiasten. Sie lernten schnell und sozusagen nebenbei Deutsch. Unter diesen Ausländerkindern waren nur zwei Gastarbeiterkinder. Der Grund für diese „Fehlanzeige" ist darin zu suchen, daß die Eltern der Gastarbeiterkinder aus einer anderen sozialen Schicht kommen – mit allen belastenden Komplikationen von der geringeren Motivation bis zum eingeschränkten Erwerb der Heimatsprache. Kennzeichnend ist folgender Vergleich. Der Lehrer eines Gymnasiums sagt von einer japanischen Schülerin, deren Vater Leiter eines Wirtschaftsunternehmens ist: „Als das Mädchen in die Klasse kam, sprach sie kein Wort Deutsch. Ich sagte ihr, daß sie im nächsten Zeugnis keine Deutschnote bekäme, aber bis zum übernächsten Zeugnis die deutsche Sprache beherrschen müsse. Die Schüler und Schülerinnen rissen sich um die Freundschaft mit dem Mädchen. Mir selbst war sie im Englisch- und Erdkundeunterricht eine große Hilfe, die die Klasse sehr angeregt hat. Nach einem halben Jahr hatte sie den Anschluß in Deutsch." – Es ist viel schwerer, einen Lehrer zu finden, der ein Gastarbeiterkind als Bereicherung und nicht als Belastung seines Unterrichts empfindet, und deutsche Schüler, die von diesen Mitschülern begeistert sind.

Das dunkelste Kapitel in der Beschreibung der Schulsituation von Gastarbeiterkindern ist noch nicht angesprochen: die Situation jugendlicher Ausländer in Berufsschulen und in der Berufsausbildung. Hier handelt es sich ausschließlich um die Kinder von Gastarbeitern in jugendlichem Alter. Die Berufsschulen weigern sich weithin, sich ernsthaft mit den ausländischen Jugendlichen zu befassen, wenn sie die deutsche Sprache nicht beherrschen. Weiterhin erklärt sich die Berufsschule außerstande, selber Deutschkurse einzurichten und Deutschunterricht zu erteilen.

Häufig ist den Firmen nahegelegt worden, für die ausländischen Jungarbeiter Befreiung vom Berufsschulunterricht zu beantragen: man werde sie genehmigen. Die Dunkelziffer der ausländischen Jugendlichen, die keine Schule besuchen, ist besonders hoch. Nur wenige jugendliche Ausländer gehen ein Lehrverhältnis ein; von diesen wieder brechen es viele vorzeitig ab. Die Gründe liegen überwiegend in den fehlenden oder geringen deutschen Sprachkenntnissen. Modelle eines gezielten und guten Sprachunterrichtes und einer entsprechenden beruflichen Ausbildung haben zu sehr guten Ergebnissen geführt, leider nur für ganz wenige einzelne, und damit bewiesen, daß es sich auch hier um keine Naturerscheinung handelt, gegen die man machtlos ist, sondern sie verstärken die Anklage, die aus den bestehenden Zuständen spricht.

Das Fazit: An unseren Schulen breitet sich Sprachlosigkeit aus. Hunderttausende von Kindern können ihre Bedürfnisse, Wünsche und Hoffnungen nicht artikulieren, können sich nicht in ihren Fähigkeiten und Begabungen entfalten, sind Außenseiter ohne Chance.

Es ist die erste Aufgabe der Schule, diese Kinder zu Wort kommen zu lassen. Das geschieht leider nur vereinzelt. Aber überall, bei allen Schulen und Gruppen, wo Gastarbeiterkinder gefragt und gehört werden, wird die soziale und kulturelle Barriere deutlich, die Barriere, die ihnen den Weg in die Zukunft verstellt, den Weg zur Entfaltung ihrer Persönlichkeit. Die Wahrheit liegt nicht in relativierenden Verallgemeinerungen, sondern im Detail. Die türkischen und griechischen, die jugoslawischen, italienischen und spanischen Kinder erleben und erfahren diese Wahrheit Tag für Tag.

Als Beispiel für die Wahrheit an vielen Orten, die überall zu erfahren ist, sollen italienische Kinder in Berlin zu Wort kommen, wie sie Luise Tonidandel in Berlin bei Familienbesuchen und in der Schule befragt und gehört hat, in ihrer Muttersprache und in Deutsch.[30]

---

[30] L. Tonidandel, Ich kapiere nix und werde verspottet, in: Deutschunterricht für Kinder und Jugendliche anderer Muttersprache, Institut für Film und Bild, München 1/1973.

Da sind Kinder, die keine Schule besuchen, die das Schulelend in Italien mit dem Schulelend in Deutschland vertauschten, die Verlassenheit in Italien mit der Ablehnung und den Vorurteilen in Deutschland; Schicksale der Sprachlosigkeit und des Analphabetismus.

Mattia hat nie eine Schule besucht und ist inzwischen auch nicht mehr schulpflichtig.

„Ich war allein in Sizilien, als meine Eltern schon in Deutschland waren, und mußte auf meine alte Oma aufpassen. Daher bin ich nie zur Schule gegangen und bin Analphabetin. Dann kam ich vor zwei Jahren hierher und habe seitdem fast nie das Haus verlassen. Ich habe Angst, mich in dieser fremden Stadt zu bewegen, weil ich überhaupt nicht die Sprache kann. Ich kann keine Schilder lesen. Außerdem würde mir mein Vater nie erlauben, allein aus dem Haus zu gehen, da wir Sizilianer sind und strenge Sitten haben. Ich hüte meinen kleinen dreijährigen Bruder und mache den ganzen Haushalt."

Wie sehr Ablehnung und Vorurteile ein Kind in seiner Entwicklung schädigen und zur völligen Resignation führen können, das verraten die Aussagen des zehnjährigen Francesco.

„Ich kam und lernte Deutsch, im Sommer fuhr ich zurück nach Sizilien und blieb ein Jahr bei meinen Verwandten. Als sie mich nicht mehr haben wollten, ging ich wieder zu meinen Eltern nach Deutschland. Ich bin dann einen Tag zur Schule gegangen, kapierte nichts und wurde von meinen deutschen Mitschülern verspottet, da ich so verlumpt aussah. Da blieb ich zu Hause. Ich will Straßenverkäufer für Obst und Gemüse werden wie früher mein Vater in Sizilien. Dafür ist die Schule überflüssig."

In der Schule verspottet und ausgelacht zu werden ist eine Erfahrung vieler Gastarbeiterkinder. In einer solchen Umgebung kann man nicht Deutsch lernen. Benedetto ist ein Junge, der sich zurückgezogen hat in seine Familie, wo er anerkannt ist.

„Als ich herkam, ging ich zuerst in die deutsche Schule. Ich hatte es aber bald satt, von meinem Kameraden verspottet zu werden. Sie nannten mich ständig ‚Makkaronifresser', und als sie einmal meine Schultasche klauten, ging ich nicht mehr hin. Der Lehrer lachte auch darüber, als sie sich über mich lustig machten. Allerdings bin ich der einzige in der Familie, der überhaupt etwas auf deutsch sagen kann. Und jedesmal, wenn meine Mutter aus dem Haus gehen muß, zum Arzt oder sonstwohin, muß ich mitgehen. Es hat keinen Zweck, daß ich in der Schule herumsitze, wenn ich in der Familie so wichtig bin."

Auch die Kinder, die ein deutsche Schule besuchen, sind oft allein gelassen. Sie sitzen ihre Zeit ab und langweilen sich. So geht es dem vierzehnjährigen Gennaro.

„Seit August gehe ich fast ohne Unterbrechung zur Schule. Ich habe allerdings nichts gelernt, weil die deutsche Sprache mir noch völlig fremd ist. Als einziger in der Klasse habe ich weder Bücher noch Hefte bekommen, und ich weiß nicht, in welcher Klasse ich bin.

Ich sitze stundenlang in meiner Ecke und träume oder schaue vor mich hin. Ich warte nur darauf, bis ich so alt bin, daß ich in die Fabrik gehen darf."

Cettina erfährt mit ihren neun Jahren die Außenseiterposition wie viele andere Gastarbeiterkinder. Sie ist überaltert für die Klasse, sie sitzt hinten, sie kommt nicht dran, sie ist ausgestoßen aus der Klasse und hat keine Chance, von Anfang an nicht.

„Seit einem Jahr besuche ich die deutsche Schule und bin in die erste Klasse eingestuft worden. In Italien hatte ich schon zwei Jahre lang die Schule besucht, so daß ich jetzt mindestens bis 100 zählen kann. Obwohl ich klein bin und eine Brille trage, muß ich trotzdem in der letzten Reihe sitzen, so daß ich sehr schlecht sehen kann, was an der Tafel steht. Ich bleibe immer still in meiner Ecke und werde nie aufgerufen. Die deutschen Kinder bekommen Hausaufgaben, ich nicht. Ich kann machen, was ich will. Die Lehrerin hat noch nie meine Hefte durchgesehen. Ich möchte eine Schule wie in Italien haben, wo die Lehrerin eine Italienerin ist, die uns versteht und hilft und mit der wir singen und spielen können."

Hilflos und isoliert in der Schule zu sitzen, das kann zur Resignation führen, aber auch zur Aggression. Wenn sich die Gastarbeiterkinder wehren und auf sich aufmerksam machen, dann wird ihnen vorgeworfen, sie stören den Unterricht, und sie werden dafür bestraft. So wird auch der Appell des elfjährigen Giannino mißverstanden.

„Alle sind böse auf mich, weil ich immer den Unterricht störe. Wenn die Klasse besonders aufmerksam ist, drehe ich mir aus Papier und Spucke kleine Kugeln und schieße sie auf die deutschen Schüler. Manchmal baue ich auch kleine Papierflugzeuge und lasse sie durch den Raum sausen oder fange plötzlich an zu singen. Dies ist immer noch besser, glaube ich, als einzuschlafen. Und vor allem: die Lehrerin soll nicht vergessen, daß ich auch in der Klasse bin! – Dafür werde ich jeden Tag zum Schulleiter geschickt.“

Integration durch Sprache – Sprachprogramme für Gastarbeiterkinder

Die deutsche Sprache ist eine Barriere, die Gastarbeiterkinder überwinden müssen. Was die Überwindung dieser Barriere so erschwert, ist zugleich auch das, was sie so dringlich macht.

Für die Gastarbeiterkinder ist Deutsch nicht einfach eine Fremdsprache, die man erlernt, nachdem man seine Muttersprache gut beherrscht. Das ist nicht der Fall. Die Muttersprache hat kein „Übergewicht". Das „eigentliche" Empfinden und Erleben, Denken und Sprechen findet in ihr nicht statt, sie stellt nicht den äußersten Sprachraum dar, hinter dem jede Fremdsprache zurückstehen muß.

Gewöhnlich erwirbt man Fremdsprachen im „Rückenwind" der Muttersprache. Dabei gilt es als eine Erfahrung, daß man eine Fremdsprache um so leichter erlernt, je besser man seine Muttersprache beherrscht. Diese Regel wirkt sich für Gastarbeiterkinder als Belastung aus. Für sie muß der umgekehrte Versuch unternommen werden, durch den dynamischen Erwerb der deutschen Sprache der Muttersprache neuen Antrieb zu geben.

Die sprachliche Ausgangssituation der Gastarbeiterkinder ist dadurch gekennzeichnet, daß sie ihre Muttersprache nur sehr eingeschränkt beherrschen und es nicht möglich ist, sie in Deutschland umfassend zu fördern. Das bedeutet aber, daß die deutsche Sprache Prozesse der Erziehung und Bildung zu tragen hat, die gewöhnlich in der Muttersprache geschehen. Es handelt sich um komplexe Prozesse der Sozialisation. Damit ist einmal vor allem die Identitätsbildung gemeint. Kinder bilden ihre Identität im Medium der Sprache. So haben sie, bevor sie nach Deutschland kamen, in ihrer Sprache und in ihrer Umwelt eine Ich- und Persönlichkeitsentfaltung begonnen, die man nicht in eine Art Dornröschenschlaf zurücksinken lassen kann.

Viele ausländische Eltern sehen die Entwiclung ihrer Kinder bedroht, wenn ihnen fremde Sprache und fremder Unterricht aufgepfropft werden. Sie wollen ihre Kinder lieber dem Stillstand eines bewahrenden eingeschränkten Heimatunterrichtes aussetzen und ihnen dabei ihre Sprache erhalten, um darauf bei der geplanten Rückkehr in die Heimat aufbauen zu können. Da man aber die Persönlichkeitsentwicklung eines Kindes nicht auf Eis legen kann, muß es bei einer solchen sprachlichen „Funkstille" zu Sprachstörungen, Schädigungen und Identitätskrisen kommen. Deutsch als Zweitsprache muß die soziale, geistige und kulturelle Entwicklung des Kindes fortsetzen, sie darf für das Kind nicht eine völlig andere „Wellenlänge", ein anderes Kommunikationssystem darstellen, es darf nicht zum Bruch, zur Negation oder zur Diffamierung dessen kommen, was das Kind bisher lernte.

Die Sprache ist zugleich auch der entscheidende Faktor der Integration. Das darf aber nicht mißverstanden werden. Das Erlernen der Zweitsprache Deutsch kann nicht gleichbedeutend mit einer „Eindeutschung" im Sinne der Assimilation sein. Der Vorwurf der Germanisierung wird von vielen Eltern aus der Befürchtung heraus erhoben, die Kinder würden eines Tages besser deutsch sprechen als ihre Heimatsprache und diese ganz verlernen. Tatsächlich wird eine Zweitsprache vor der Heimatsprache vorgezogen, aber es darf nicht in der Absicht geschehen, diese zu verdrängen, sondern in der Absicht, Erziehungsprozesse aufzufangen und weiterzuführen, die von der Muttersprache nicht mehr getragen und gefördert werden. Die Kinder sollen nichts verlernen und aufgeben, was sie in ihrer Sprache gelernt haben, sie sollen nicht wieder vom Nullpunkt anfangen oder umlernen. Denn das würde ja bedeuten, daß sie unendlich viel umsonst und verkehrt gelernt und erfahren haben und hoffnungslos ins Hintertreffen geraten sind. Deutsch muß in dem Sinne von den Gastarbeiterkindern gelernt werden, daß sie bisherige kulturelle und soziale Erfahrungen, Kenntnisse und Fähigkeiten, Motivationen und Interessen einbringen und weiterbringen können. Sozialisation ist wesentlich die Übernahme von sozialen Rollendefinitionen und ihre individuelle Interpretation und Differenzierung. Deutsch als Medium der Erziehung und Sozialisation muß Rollenidentifikation und Rollendistanz gleichzeitig ermöglichen. Insofern ist die Forderung der Eltern auf die besonderen kulturellen Voraussetzungen und Ansprüche der Kinder gerechtfertigt. Ein Sprachprogramm, das für diese Ansprüche nicht sensibel ist, geht in der Tat auf ihre „Germanisierung" aus, das heißt auf ihre Unterdrückung. Denn der „Germanisierte" lernt kein gutes Deutsch, sondern nur ein restringiertes, mit dem er sich selbst und seine Bedürfnisse nie zur Sprache bringen kann. Das bedeutet, daß für Gastarbeiterkinder besondere Sprachprogramme entwickelt werden müssen.

Deutschprogramme für Gastarbeiterkinder kann man nicht einfach von anderen Fremdsprachenprogrammen übernehmen oder abschreiben. Denn es handelt sich nicht nur darum, ein formales Sprachsystem möglichst vollständig, intensiv und pädagogisch geschickt zu vermitteln, sondern vor allem auch darum, auf die Beziehung der Kinder zur Sprache einzugehen, auf ihrem Sprachvermögen aufzubauen, auf ihren kommunikativen Interesse und ihrer Motivation, auf ihrer sozialen Umgebung. Bisher versteht man die Forderung, auf die Kinder „einzugehen", nur so, daß man das Sprachprogramm möglichst abwechslungsreich und bunt und lustig „verpacken" müsse. Aber darum geht es nicht. Mit Recht sieht H. E. Piepho in seiner Schrift „Förderung und Integration von Kindern ausländischer Arbeitnehmer"[31] in vielen gebräuchlichen Programmen Schwächen und Gefahren. „Die meisten Materialien nehmen kaum auf die umgangssprachlichen Vorkenntnisse der ausländischen Kinder Rücksicht, sondern verfolgen eine grammatische, anstelle einer kommunikativen Progression."

Kennzeichnend für die vielen Programme ist die eigenartige

[31] Limburg 1972.

Insistenz darauf, daß die sprachlichen Fähigkeiten, die ein Kind in seiner Umgebung schon entwickelt hat, nicht gelten dürfen, sondern völlig beiseite gelassen werden müssen bei der Erlernung des „richtigen" Deutschs. Diese Schizophrenie greift sogar auf die Kinder über, die schließlich auch glauben, daß sie nicht deutsch sprechen, obwohl sie auf der Straße, mit deutschen Kindern etwa, sich durchaus verständigen können. In dem, was dann vielleicht als Hessisch oder Schwäbisch, als Niedersächsisch oder Bayerisch umschrieben und abgetan wird, ist auch der Motor für den Spracherwerb gegeben. Wie schnell und wie kontinuierlich ein Gastarbeiterkind Deutsch lernt, das hängt von seiner persönlichen inneren Motivation ab, Deutsch zu lernen und Deutsch zu sprechen. Es gibt Kinder, die lange Zeit in Deutschland sind und Deutsch nicht beherrschen, und Kinder, die erst kurze Zeit hier sind und schon gut deutsch sprechen. Der Grund ist offenbar nicht in vorgegebener guter oder schlechter Sprachbegabung zu suchen, sondern in der gegebenen oder fehlenden Motivation durch die Umwelt, deutsch zu sprechen. Unter blockierenden sozialen Voraussetzungen sind auch formal gute Programme wenig fördernd. Wenn nicht die persönliche Beziehung zur Sprache, das eigene Interesse an der Sprache in den Kurs einbezogen wird, ist es wenig sinnvoll, sie im nachhinein und in isolierten Details interessant machen zu wollen.

Ein weiterer wichtiger Anspruch, der in ein Sprachprogramm für ausländische Kinder gestellt werden muß, aber nur in den wenigsten Fällen eingelöst wird, ist die Beziehung zur Muttersprache. Diese Beziehung ist aus verschiedenen Gründen konstitutiv für ein Programm. Die Rückkoppelung zur Heimatsprache besteht nicht nur darin, daß die Kinder in ihrer bisherigen Spracherfahrung bestätigt werden und sie weiterentwickeln können, daß man auf die spezifischen Schwierigkeiten eingeht, die sich aus den einzelnen Sprachen für das Erlernen der deutschen Sprache ergeben, und ihre besonderen Qualitäten nützt. Der Erwerb der deutschen Sprache soll auch die Chancen verbessern für ein vertieftes Lernen der Muttersprache. Denn viele der Kinder werden im Laufe ihrer Kindheit oder Jugend in ihre Heimat zurückkehren. Es ist fast nie möglich, ihnen in unserem Land einen intensiven Sprachunterricht in ihrer Sprache zu ermöglichen. Aber es ist möglich, die deutsche Sprache im Vergleich und Rückbezug auf die Heimatsprache zu erlernen, für die Grammatik etwa mit der Methode der kontrastiven Grammatik. Eine Rückkoppelung muß in der Weise erstrebt werden, daß sich eine elaborierte Zweitsprache als Förderung und Herausforderung der Heimatsprache auswirkt. Nicht zuletzt ist der ohnehin drohenden Entfremdung von Eltern und Kindern entgegenzuwirken, die sich in Erziehungswidersprüchen und Erziehungsresignation äußern kann, was eine außerordentliche Gefährdung der Entwicklung des Kindes bedeutet.

Für Gastarbeiterkinder wird eine große Zahl von Deutschbüchern und -programmen angeboten. Freilich gehen die wenigsten dieser Bücher auf die besondere Situation dieser Kinder ein, da sie in einem anderen Zusammenhang entwickelt wurden. Die weiteste Verbreitung haben bisher Bücher gefunden, die für deutsche Auslandsschulen geschrieben wurden und sich bewährt haben. Man konnte also auf sie zurückgreifen, als sich die Aufgabe stellte, Deutsch als Fremdsprache zu unterrichten. Nur wurde und wird immer deutlicher, daß man die Erfahrungen und Bücher der Auslandsschulen nicht einfach übernehmen kann. Die Programme der Auslandsschulen entsprechen den unterrichtlichen Voraussetzungen, den häuslichen Verhältnissen, der Lernmotivation, dem landessprachlichen Hintergrund der Schüler, die sie besuchen. Und das sind überwiegend die Kinder deutscher Eltern.

Wie die Bücher der Auslandsschulen nicht das gewünschte Sprachprogramm ersetzen können, so können dies auch nicht die Sprachbücher, die im Ausland für Schüler geschrieben wurden, die Deutsch lernen wollen. Es gibt nicht den einfachen Weg der Übernahme und des Umfunktionierens anderer Programme. Das heißt, es ist nicht mit einer äußeren Anpassung getan. So wird beispielsweise eine Reihe von Deutschprogrammen angeboten, welche in England entwickelt wurden für englische Schüler und Erwachsene. Aber diese Programme sind nicht geeignet für Gastarbeiterkinder, man tut ihnen Gewalt an und macht sie zu schlechten Programmen, wenn man sie für Kinder nimmt, denen sie nicht gerecht werden. Für Gastarbeiterkinder müssen neue Sprachprogramme entwickelt werden, welche die Kinder dort „abholen", wo sie in ihrer Muttersprache sind, und welche Deutsch zu „ihrer" Sprache werden lassen, zur Sprache, in der sie handeln, denken und empfinden; zur Sprache, die einspringt für die Heimatsprache und zugleich ihren Platz freihält. Das bedeutet, daß man aus den Mängeln und Fehlern des bisherigen Sprachunterrichts lernen und sie als Erfahrungen in neue Bemühungen einbringen muß. Dazu gehört auch, daß man eine Trennung vermeidet, bei der die Heimatsprache für den privaten und deutsch für den öffentlichen Bereich allein zuständig wird.

Diese Defizite bisheriger Sprachprogramme lassen sich unter bestimmten Gesichtspunkten zusammenfassen.

Weil das Erlernen einer Sprache einhergeht mit gesellschaftlicher Integration, Sozialisation und der Entwicklung der sozio-kulturellen Persönlichkeit, sind die Inhalte nicht gleichgültig, an denen Sprache geübt, die durch sie gelernt werden. Inhalte sind keine neutralen Übungsfelder. Daß Inhalte keine Zufälle sind, wird besonders an den Sprachbüchern deutlich, die mit der Sprache Deutschtum vermitteln wollen. Das ist bei einer Reihe von Auslandsbüchern der Fall, die in affirmativer Weise Heimatkunde betreiben. Damit entsprechen sie wohl einem Heimatbewußtsein und -bedürfnis von Auslandsdeutschen, das in der Art des cultural lag der Realität nachhinkt und dogmatisch auf einer romantisch eingefärbten Vergangenheit besteht. Für Gastarbeiterkinder sind solche Bücher nicht nur ungeeignet, sondern bedenklich, weil sie mit dem Anspruch einer emotionalen Identifikation konfrontiert werden, den sie gar nicht einlösen können, weil ihnen diese Umwelt fremd, unverständlich und unerreichbar ist. Der Kontrast dieser extrem positiv ausgestatteten Utopie zur eigenen Heimat und Kultur, die eben nicht zur Sprache kommt, wirkt sich als Diffamierung der eigenen kulturellen Rolle aus und führt zur äußeren Unterwerfung und zu inneren Konflikten.

Eine weitere Entfremdung der affirmativen Heimatkunde ist die Darstellung einer heilen Welt, die den Ausländerkindern nicht hilft, mit ihrer eigenen Welt zurechtzukommen. Da sitzen die Familien morgens vollzählig am Frühstückstisch, sie haben Eigenheime, Gärten und Autos, sie zeigen durchwegs das Verhalten mittlerer und oberer Schichten, eine unbekannte und fremde Gesellschaft, die für Ausländerkinder keine Wirklichkeit darstellt. So gibt es auch umfangreiche Kapitel über glückliche Ferien auf dem Berghof, wie z.B. Besichtigungen mittelalterlicher Burgen, bei denen die Kinder dann Worte zu lernen haben wie: Falkenbeize, Ziehbrunnen, Knappe, Page, Zugbrücke usw. Das heißt, auch der Wortschatz, den die ausländischen Kinder erwerben, geht an der Wirklichkeit vorbei. Dabei müßte ein Sprachbuch nicht nur den Häufigkeitsgebrauch von Wörtern nach allgemeinen Erforschungen berücksichtigen, sondern auch den Wortschatz und die Sprechmuster und Sprachstrategien, die Ausländerkinder kommunikativ brauchen. Ähnlich verwirrend und belastend sind auch die gebotenen Gedichte und Lieder. Im ersten Band eines Buches sind es die Lieder: Wenn alle Brünnlein fließen ..., Wenn ich ein Vöglein wär' ... und Kein schöner Land in dieser Zeit ... Ob sie Deutschland als schönes Land erleben, das entscheidet sich für Gastarbeiterkinder sicher nicht in Liedern.

Eine Forderung, die auch in jüngster Zeit immer wieder an Sprachprogramme für Ausländer gestellt wird, ist die, daß Deutsch ohne Rücksicht auf die Ausgangssprache in einem intensiven und geschlossenen Kurs in möglichst kurzer Zeit zu lernen sei. Solche Intensivkurse sind formale Drillkurse, die in kürzester Zeit in begrenztem Rahmen viel Sprachwissen vermitteln, das sich auf spezielle Weise auch einsetzen läßt. So könnte man Sprachkurse entwickeln, in denen Gastarbeiterkinder bei einem Deutschunterricht von 20 und mehr Wochenstunden in 3 Monaten Deutsch lernen. Das sieht wie eine elegante Lösung des Sprachproblems der Ausländerkinder aus. Man faßt ohne Rücksicht ihrer nationalen Herkunft und Sprache oder ihres Alters je 15–20 Kinder zu einem Kurs zusammen. Nach dem Durchlaufen des Kurses kann man sie auf deutsche Klassen überweisen – und das Problem ist gelöst. Dieses Wunschdenken beruht auf einer falschen Verkürzung des Sprachunterrichts, der die Kinder einem leeren Drill passiv unterwirft ohne kommunikative Bezüge und ohne Berücksichtigung ihrer sozialen Integration. Wie sehr solche Programme nicht der Integration, sondern der passiven Anpassung dienen, ist an manchen Programmen eines Deutsch für den Arbeitsplatz zu sehen, die sich so darbieten: Komm her – geh weg – faß an – laß los – halt – weiter so …

Ebenfalls ungeeignet für Gastarbeiterkinder sind Programme nach der Art von Sprachführern für Touristen. Kennzeichnend dafür ist eine Reihe von Erlebnis- und Gesprächssituationen, für die dann Satzmuster und Mustergespräche angeboten werden: Auf dem Bahnhof – Beim Friseur – Beim Einkauf – Im Restaurant – Auf der Post – Bei der Behörde – Zu Besuch … Es werden stereotype Sätze angeboten zum Auswendiglernen, die man geringfügig durch Austausch von Wörtern variieren kann: Ich möchte eine Suppe (ein Schnitzel, eine Wurst …). Auch die Gesprächsverläufe sind festgelegt. Diese Sprache von der Stange mag für einen kurzen Aufenthalt in Deutschland nützlich sein. Gastarbeiterkindern ist mit 30 oder 40 fixierten Sprachsituationen nicht geholfen. Was sie lernen müssen, ist nicht die Assoziation fester Redewendungen und Satzformen, sondern die Fähigkeit zu sprachlichen Strategien in der differenzierten Artikulation von Erfahrungen und Erkenntnissen, zur aktiven Kommunikation, zur Entfaltung eigenen Bewußtseins.

Ein Sprachunterricht, der auf die Bedürfnisse und Voraussetzungen der Gastarbeiterkinder eingeht, muß diese erst noch erfragen und erforschen.

Wir wissen noch zuwenig über Strukturen und Formen des Sprechens, über sprachliche Strategien des Fragens und Erfahrens, über die Ursachen resignierenden Sprechens, über die soziale Bedeutung von redundanten Kreisgesprächen, über die Verarbeitung von Informationen, über die Unterschiede des Argumentierens. Ein Sprachprogramm, das ausländischen Kindern wirklich helfen will, darf die Sprache nicht als starres grammatisches Regelsystem verstehen, nicht als unverbindliches Sandkastenspiel mit Worten, darf sie nicht als Sache, sondern muß sie als Ausdruck sehen, als Vermittlung der menschlichen Persönlichkeit durch und in Kultur und Gesellschaft.

Die Entwicklung von Sprachprogrammen für Gastarbeiterkinder verlangt wissenschaftliche Untersuchungen von Fragen, die bisher nicht geklärt sind, etwa über die Auswirkung der Zweisprachigkeit, die Entwicklung von Sprachmustern und Sprachregistern bei ausländischen Kindern, die sozialen Determinanten der Sprache.

Für den Deutschunterricht von Gastarbeiterkindern und die Entwicklung von Sprachprogrammen hat Gisela Großmann folgende Forderungen aufgestellt.

„1. Altersdifferenzierung ist eine notwendige Bedingung für ein Programm, das den individuellen Bedürfnissen der Schüler gerecht werden will.
2. Eine wirksame Förderung muß auf der bisherigen Erziehung aufbauen und die sozio-kulturellen Erfahrungen der Gastarbeiterkinder berücksichtigen.
3. Die Muttersprache muß als bereits bestehendes oder zumindest in Ansätzen vorhandenes sprachliches Zeichensystem berücksichtigt werden.
4. Um die Angst der Eltern vor einer Entfremdung ihrer Kinder zu beseitigen, sollte das Sprachprogramm ebenfalls den Eltern auf direkte oder indirekte Weise eine Möglichkeit zur Integration bieten.
5. Die Texte müssen nach sozialer und kommunikativer Notwendigkeit aufgebaut sein; das Gastarbeiterkind soll seine

Situation mit den Mitteln der deutschen Sprache bewältigen lernen.

6. Die außerschulischen Erfahrungen im Umgang mit der deutschen Sprache müssen im Unterricht integriert werden.
7. Das Sprachprogramm sollte nicht nur grammatische Strukturen, sondern auch kognitive Einsichten vermitteln und im Umgang mit Konflikten Hilfen bieten.
8. Die Priorität der Schüleraktivität muß innerhalb des Programms durch zum Sprechen motivierende Situationen, Aktionen, Interaktionen, Rollenspiele, Diskussionen u. ä. gewährleistet sein.
9. Da das Sprechen, besonders das dialogische, die natürlichste und gebräuchlichste Form der Sprache ist, muß es vorrangig vor Lesen und Schreiben sein.
10. Wortschatz und grammatische Strukturen sollten in ihrer quantitativen Beschränkung dem Kriterium ‚Nützlichkeit für den Schüler' unterliegen.“[32]

---

[32] G. Großmann, Probleme der schulischen Integration von Gastarbeiterkindern in der BRD unter besonderer Berücksichtigung des Deutschunterrichts am Beispiel einer Analyse von Sprachprogrammen, unveröffentlichte Examensarbeit, Frankfurt a.M. 1973.

Vorurteile müssen abgebaut werden

Vorurteile üben einen lähmenden Bann auf die Sprache aus. Dieser Bann fällt einmal auf alle Menschen zurück, die Vorurteile haben. Mit jeder Vorurteilshaftigkeit geht eine Wahrnehmungsverarmung einher, eine Einschränkung des Bewußtseins, des Denkens und Verstehens, eine Unfähigkeit des Erkennens und Verarbeitens von Unterschieden und Veränderungen. Wie die Welt des Vorurteilsvollen grob gerastert ist, im Schwarz-Weiß-Klischee nur Freund und Feind, gut und böse, stark und schwach unterscheidet, so gerinnt auch seine Sprache. Sie verliert ihre Gestaltungskraft, ihre Bildbarkeit, ihren Reichtum, ihre Lebendigkeit, sie trocknet aus und wird spröde. Es bilden sich Stereotypen, feste und unbewegliche Sprachformen, die auf die Wirklichkeit projiziert werden und sie verändern, verfälschen und unterdrücken, Projektionen, in denen Wut und Haß versteinert sind. Vorurteile sind die Antworten von Menschen auf eine Welt, mit der sie nicht mehr fertig werden, Vorurteile sind der Ausdruck von Ich-Schwäche und Ich-Aufgabe. Der Vorurteilshafte verzichtet auf Sprache als Möglichkeit der Selbstverwirklichung und Selbstentfaltung, der sozialen Kommunikation und Integration und benutzt sie statt dessen als Wall und als Waffe. Dadurch zerstört er sie.

Vorurteile belegen vor allem aber die Menschen mit einem Bann, denen sie gelten, auf die sie sich beziehen. Dieser Bann wirkt sich nicht zuletzt im Denken und Sprechen der betroffenen Menschen aus. Die von Vorurteilen betroffenen Menschen sind in eine Abwehrhaltung gedrängt und zur Passivität verurteilt. Sie sind sprachlos in einer vorurteilshaften Umgebung, weil die Sprache zur Waffe wurde, die gegen sie gewandt ist, zum Instrument, mit dem sie unterdrückt werden. Die Kommunikation mit der vorurteilshaften Umgebung ist zerstört: Es gelten keine Argumente und keine Gründe; es gibt keinen, der zuhört, mit dem man reden kann. Im Raum der Vorurteile hat es keinen Sinn, zu sprechen, es ist aussichtslos, etwas auszudrücken und aussagen zu wollen. Jeder sprachliche Versuch des Kontaktes, der Verständigung scheitert vor versteinerten Mienen, vor abweisenden Gebärden, vor haßerfülltem Blick, vor dem diffamierenden Wort. In einer feindseligen und vorurteilsvollen Umgebung lernt man keine Sprache.

Das ist auch bei Gastarbeitern und ihren Familien in der Bundesrepublik festzustellen. Sie igeln sich gegenüber ihrer Umwelt in ihrer Heimatsprache ein. Es gibt viele Gastarbeiter, die 5, 7 und mehr Jahre in der Bundesrepublik leben und kaum ein Wort Deutsch sprechen. Der sozialen Isoliertheit entspricht die Sprachlosigkeit. Die vorurteilsvolle Umgebung verweigert ihnen die Sprache, und sie haben sich damit abgefunden. In manchen Betrieben, in denen Gastarbeiter beschäftigt werden, heißt es: Wir haben überhaupt keine sprachlichen Schwierigkeiten mit unseren ausländischen Arbeitern. Die lernen in den ersten vierzehn Tagen so viel Deutsch, wie sie brauchen. Dabei bleibt es dann auch. Und das Deutsch, das man in einer vorurteilsvollen Umgebung braucht, das sind wenige Wörter: Befehle, Anordnungen und Anweisungen, nach denen man sich richten muß; Kontrollantworten und Vollzugsmeldungen als Rückkoppelung.

Bei ausländischen Kindern ist die Sprachbarriere des Vorurteils eine ganz erschreckende Realität. Es geschieht häufig, daß Kinder eifrig und mit großem Interesse beginnen, Deutsch zu lernen, daß sie aufgeschlossen sind, Kontakte suchen und Freunde haben und daß sie dabei gute Fortschritte machen. Dann beginnt sich die abweisende Feindseligkeit ihrer Umgebung auszuwirken. Ihr Interesse erlahmt, sie machen keine Fortschritte in der deutschen Sprache mehr, sie verdrängen sie. Es ist festzustellen, daß Kinder nach einer relativ kurzen Aufenthaltsdauer in der BRD gute Fortschritte gemacht haben in

Deutsch und daß sie später Deutsch wieder verlernten, obwohl sie Unterricht in Deutsch hatten. Zurückzuführen ist dieser Sprachverlust darauf, daß diese ausländischen Kinder zuerst Kontakt mit deutschen Kindern hatten und später entweder in Klassen kamen, in denen nur ausländische Kinder waren, oder in Klassen und Schulen, in denen sie von den deutschen Kindern abgelehnt und gemieden wurden. Nach den Erfahrungen des Unterrichts mit ausländischen Kindern liegt die Entscheidung über das Erlernen der deutschen Sprache oder das Versagen an der Sprache nicht einmal so sehr in der Qualität des Sprachprogramms begründet, sondern darin, ob die Kinder in ihrer Umwelt integriert sind, ob sie sich verstanden und anerkannt fühlen, ob sie daran interessiert sind, in ihrer Umgebung mitzumachen.

Das Umschlagen einer sozialen Umgebung, in der man isoliert ist, zu einer sozialen Umgebung, in der man sich anerkannt sieht und in der man bereit ist, Kontakte aufzunehmen und sprachlich zu kommunizieren, soll an folgendem konkreten Fall deutlich werden. Ein Lehrerstudent hatte im Rahmen seines Schulpraktikums eine Stunde in seiner Grundschulklasse übernommen, zu der auch ein italienisches Mädchen gehörte. Im Verlauf der Stunde, einer Musikstunde, sprach er auch über Musik und Lieder in Italien und bat das Mädchen zu sich heraus vor die Klasse, um mit ihm zusammen ein Lied aus seiner Heimat zu singen. Das lustige Liedchen gefiel der Klasse auch so gut, daß sie Beifall klatschte. Da ging das Mädchen durch die Klasse auf die Lehrerin zu, die mit dem Praxisberater auf den hintersten Plätzen saß, gab beiden die Hand und setzte sich hin. Die Lehrerin war völlig überrascht und sagte hinterher: „Das Mädchen saß über ein Jahr gleichgültig in der Klasse, ohne sich um irgend etwas zu kümmern oder sich ansprechen zu lassen. Es hat auch kein Deutsch gelernt. Jetzt sehe ich, was diesem italienischen Mädchen wirklich gefehlt hat: daß es anerkannt und ernst genommen wird in dem, was es ist. Als die Klasse sie angenommen und bejaht hat in ihrer Besonderheit, da hat sie auch die Klasse angenommen und mir gezeigt, daß sie nun zur Klasse gehören will. Und jetzt weiß ich auch, daß sie Deutsch lernen wird."

Sprachbarrieren werden in der Schule abgebaut, wenn vorurteilsbildende Faktoren überwunden werden. Solche Faktoren sind in der Schule immer dann gegeben, wenn das Kind zur Passivität verurteilt ist, wenn es nicht aktiv mitbeteiligt ist am Erziehungsprozeß, wenn es seine Fähigkeiten, Wünsche und Bedürfnisse, wenn es das, was es gelernt hat und „von zu Hause" mitbringt, nicht einbringen kann in seine Umwelt. Als besondere Belastung und Blockierung wirken sich aus:

die Weigerung, auf Bedürfnisse des Kindes einzugehen, seine Motivation und seine Fähigkeiten anzusprechen;

Zwänge in der Erziehung und soziale Rollenzwänge, mit denen sich das Kind nicht auseinandersetzen kann;

Krisen in der Erziehung und Sozialisation, Widersprüche in der sozialen und kulturellen Entwicklung des Kindes, die zugleich Identitätskrisen sind;

Ablehnung und Abwertung, Einengung und Verhinderung freier und direkter Kontakte und offener Kommunikation.

Die Überwindung von Vorurteilen und damit der Abbau von Sprachbarrieren verlangt große Anstrengungen, alle Kinder zu folgendem Verhalten herauszufordern und zu befähigen:

Die Kinder müssen in ihrer Wahrnehmungsfähigkeit und in ihrer Sensibilität gefördert werden. Sie sollen Erfahrungen machen und Unterschiede erkennen können.

Die Fähigkeit zur Kommunikation muß über den Primärbereich hinaus erweitert werden.

Wie eine ich-starke Persönlichkeit den sozialen Rollen, die sie übernimmt, nicht passiv unterworfen ist, muß die Fähigkeit zur Distanz und zur Interpretation und Differenzierung der eigenen Rollen erworben werden.

Die Ermöglichung der sozialen Integration stellt als kritische Identifikation ein Engagement dar, das sich in besonderer Weise als sprachliche Förderung erweist.

Literaturverzeichnis

Aberle, Gerhard: Stehkneipen, Frankfurt a.M. 1971.
Aksaar, Els: Kindersprache, Mainz 1973.
Alternative, Heft 45: Moderne Literatur in deutschen Abiturklassen-Lesebüchern, Berlin 1965.
Alternative, Nr. 74, Berlin 1970: Sprachunterricht – Gegenmodell.
Arnold, Heinz-Ludwig: Das Lesebuch der siebziger Jahre, Köln 1973.
Bechert, Clement, Thümmel, Wagner: Einführung in die generative Transformationsgrammatik, Ismaning bei München 1973.
Bellak, Kliebard, Hyman, Smith: Die Sprache im Klassenzimmer, Düsseldorf 1973.
Bernstein, Basil: Soziale Struktur, Sozialisation und Sprachverhalten, Aufsätze 1950–1970, Amsterdam 1970.
Bernstein, Basil, u.a.: Lernen und soziale Struktur, Aufsätze 1965–1970, Amsterdam 1970.
Bernstein, Basil: Studien zur sprachlichen Sozialisation, Düsseldorf 1972.
Bernstein, Brandis, Henderson: Soziale Schicht, Sprache und Kommunikation, Düsseldorf 1973.
Bittner und Schmid-Cords (Hrsg.): Erziehung in früher Kindheit, München.
Boettcher, Firges, Sitta, Tymister: Schulaufsätze – Texte für Leser, Düsseldorf 1973.
Du Bois-Reymond, Manuele: Strategien kompensatorischer Erziehung, Frankfurt a.M. 1971.
Borelli und Spremberg: Minderheiten in der Bundesrepublik, das Beispiel „Gastarbeiter", Stuttgart 1973.
Braun, Peter: Das weiterführende Lesen, Düsseldorf 1971.
Bruner, Jerome S.: Der Prozeß der Erziehung, Düsseldorf 1972.
Bun, Arug und Kochan: Linguistik und Deutschunterricht, Frankfurt a.M. 1973.
Bürger, Christa: Deutschunterricht – Ideologie oder Aufklärung, Frankfurt a.M. 1970.
Chomsky, Noam: Aspekte der Syntax-Theorie, Frankfurt a.M. 1969.
Chomsky, Noam: Sprache und Geist, Frankfurt a.M. 1970.

Claessens, Dieter und Petra Milhoffer: Familiensoziologie – Ein Reader als Einführung, Frankfurt a.M. 1973.
Corell, Werner: Einführung in die pädagogische Psychologie, Donauwörth ³1969.
Delgado, Manuel J.: Die Gastarbeiter in der Presse, Opladen 1972.
Díez, Tomás José: Soziale Integration und Erziehung im Konfliktfeld von Heimatland und Bundesrepublik am Beispiel des spanischen Heimatunterrichts, Frankfurt a.M. 1973 (unveröff. Examensarbeit).
Dirx, Ruth: Das Kind, das unbekannte Wesen, Frankfurt 1967.
Ehni, Jörg: Das Bild der Heimat in Schullesebüchern, Tübingen 1968.
Engel und Schwenke (Hrsg.): Gegenwartssprache und Gesellschaft, Düsseldorf 1972.
Erziehungswissenschaftliche Dokumentation, Band 7, Teil 1: Deutsche Sprache, Literatur- und Fremdsprachenunterricht, Weinheim 1971.
Fraiberg, Selma: Die magischen Jahre in der Persönlichkeitsentwicklung des Vorschulkindes, Hamburg 1972.
Frank, Horst Joachim: Geschichte des Deutschunterrichts, München 1973.
Fürstenau, Peter: Soziologie der Kindheit, Heidelberg 1967.
Gahagan, Denis und Georgina: Kompensatorische Spracherziehung in der Vor- und Grundschule, Düsseldorf 1971.
Geiselberger, Siegmar (Hrsg.): Schwarzbuch: Ausländische Arbeiter, Frankfurt a.M. 1972.
Ginott, Haim G.: Eltern und Kinder, Hamburg 1968.
Glinz, Hans: Linguistische Grundbegriffe und Methodenüberblick, Frankfurt a.M. ²1971.
Glinz, Hans: Deutsche Syntax, Stuttgart ²1967.
Glotz, Peter u. W. Langenbucher: Versäumte Lektionen, Gütersloh 1965.
Goethe-Institut: Forschungen zur gesprochenen Sprache und Möglichkeiten ihrer Didaktisierung, München 1971.
Goethe-Institut München: Die Grundstufe, Lehrziele und Methoden, München 1972.
Goethe-Institut München: Die Grundstufe, Stoffkataloge, Aussprache, Wortbildung, Situationen, München 1972.
Goffman, Erving: Interaktionsrituale – über Verhalten in direkter Kommunikation, Frankfurt a.M. 1971.
Grömminger, Arnold: Die deutschen Fibeln der Gegenwart, Weinheim 1970.
Großmann, Gisela: Probleme der schulischen Integration von Gastarbeiterkindern in der BRD unter besonderer Berücksichtigung des Deutschunterrichts am Beispiel der Analyse von Sprachprogrammen; Frankfurt a.M. 1973 (unveröff. Examensarbeit).
Habermas, Jürgen: Erkenntnis und Interesse, Frankfurt 1968.
Hager, Haberland, Paris: Soziologie und Linguistik, Stuttgart 1973.

Hartig, Matthias und Ursula Kurz: Sprache als soziale Kontrolle, Frankfurt a.M. 1971.
Hartmann, H.: Ich – Psychologie und Anpassungsprobleme, Stuttgart 1960.
Haueis, Eduard und Otfried Hoppe: Aufsatz und Kommunikation, Düsseldorf 1972.
Heilwig v. der Mehden: Vor allem eins, mein Kind, Hamburg 1972.
Hellmann, Manfred W.: Bibliographie zum öffentlichen Sprachgebrauch in der Bundesrepublik Deutschland und in der DDR, Düsseldorf 1973.
Helmers, Hermann: Sprache und Humor des Kindes, Stuttgart 1965.
Helmers, Hermann (Hrsg.): Die Sprache des Kindes, Darmstadt 1969.
Helmers, Hermann (Hrsg.): Die Diskussion um das deutsche Lesebuch, Darmstadt 1969.
Helmers, Hermann: Geschichte des deutschen Lesebuchs in Grundzügen, Stuttgart 1971.
Hemsing, Walter: Die Erziehung des Kleinkindes, München o.J.
Hillebrand, Max Josef: Kind und Sprache, Teil 1 München ^{3}1965, Teil 2 München 1966.
Hoberg, Rudolf: Die Lehre vom sprachlichen Feld, Düsseldorf 1970.
Hoehn, F.: Kind und Gesellschaft, Weinheim 1955.
Holder, Jochen: Menschliche Beziehungen und Kommunikation, Mainz 1973.
Holzer, Horst und Karl Steinbacher (Hrsg.): Sprache und Gesellschaft, Hamburg 1972.
Horn, K.: Dressur oder Erziehung, Frankfurt a.M. 1967.
Humboldt, Wilhelm v.: Über die Verschiedenheit des menschlichen Sprachbaues, Darmstadt 1949.
Hundertmark und Ulshoefer (Hrsg.): Kleinkindererziehung, 3 Bde., München 1972.
Hundsmerscher, F. u. Autorengruppe Tübingen: Transformationelle Schulgrammatik, Göppingen 1970.
Hussong, Schütt, Stuflesser: Textanalyse optisch, Düsseldorf 1971.
Hyldgaard-Jonsen: Linguistik 1971, Frankfurt 1972.
Iben, G.: Kinder am Rande der Gesellschaft, München 1968.
Ide, Heinz (Hrsg.): Projekt Deutschunterricht 2, Stuttgart 1972.
Ide, Heinz (Hrsg.) Bestandsaufnahme Deutschunterricht, Stuttgart ^{3}1972.
Ide, Heinz (Hrsg.): Deutschunterricht in emanzipatorischer Absicht, Stuttgart ^{2}1971.
Ideologiekritik im Deutschunterricht, Sonderheft der Zeitschrift „Diskussion Deutsch", Frankfurt a.M. 1972.
Illich, Ivan: Schulen helfen nicht, Hamburg 1972.

Ingendahl, Werner: Aufsatzerziehung als Hilfe zur Emanzipation, Düsseldorf 1972.

Institut für Deutsche Sprache: Sprache und Gesellschaft, Düsseldorf 1971.

Institut für Deutsche Sprache: Neue Grammatiktheorien und ihre Anwendung auf das heutige Deutsch, Düsseldorf 1973.

Ivo, Hubert: Kritischer Deutschunterricht, Frankfurt a.M. [3]1971.

KDSE: Ausländische Arbeiter in der BRD, Bonn 1972.

Kjolseth, R. und F. Sack (Hrsg.): Zur Soziologie der Sprache, Sonderheft 15 der Kölner Zeitschrift, Köln 1972.

Klee, Ernst: Die Nigger Europas – Zur Lage der Gastarbeiter, Düsseldorf 1971.

Klee, Ernst (Hrsg.): Gastarbeiter, Frankfurt a.M. 1972.

Kleinstick, Johannes: Wirklichkeit und Realität – Kritik eines modernen Sprachgebrauchs, Stuttgart 1971.

Koch, Herbert R.: Gastarbeiterkinder in deutschen Schulen, Königswinter 1970.

König, Guido: Strukturen kindlicher Sprache, Düsseldorf 1972.

Krappmann, Lothar: Soziologische Dimensionen der Identität, Stuttgart [2]1972.

Kreft und Ott: Lesebuch und Fachcurriculum, Düsseldorf [2]1972.

Lado, Robert: Moderner Sprachunterricht, München [4]1973.

Landau, Erika: Psychologie der Kreativität, München 1969.

Lawton, Denis: Social Class, Language and Education, London 1968 deutsch: Soziale Klasse, Sprache und Erziehung, Düsseldorf 1970.

Lenzen, H.: Stilwandel im Unterricht, Neuwied 1973.

Leonard, Georg B.: Erziehung durch Faszination, Hamburg 1973.

Leudesdorff und Zilleßen (Hrsg.): Gastarbeiter – Mitbürger, Gelnhausen 1971.

Lewis, Morris M.: Sprache, Denken und Persönlichkeit im Kindesalter, Düsseldorf 1973.

List, Gudula: Psycholinguistik, Stuttgart 1972.

Literarische Erziehung in der Grund- und Hauptschule, Frankfurt a.M. [2]1968.

Lorenzer, Alfred: Über den Gegenstand der Psychoanalyse oder Sprache und Interaktion, Frankfurt a.M. 1973.

Lurija, A. R. und F. Ja. Judowitsch: Die Funktion der Sprache in der geistigen Entwicklung des Kindes, Düsseldorf [2]1972.

Lyons, John: Einführung in die moderne Linguistik, München 1972.

Meistermann-Seeger, Bingemer, Neubert: Leben als Gastarbeiter, Köln 1970.

Merkelbach, Valentin: Kritik des Aufsatzunterrichts, Frankfurt 1972.

Mühle und Schell (Hrsg): Kreativität und Schule, München 1970.

Müller, Hermann: Rassen und Völker im Denken der Jugend, Stuttgart 1967.
Müller, Hermann: Gutachten zur Schul- und Berufsbildung der Gastarbeiterkinder, Bochum 1971.
Müller, Hermann und Elle Moering: mitreden können 2–4, Düsseldorf 1973.
Müller, Manfred: Kalkulierte Hetze, Wiesbaden o. J.
NDR und vgs (Hrsg.): Sesamstraße, Köln 1973.
Nickel, Gerhard (Hrsg.): Reader zur kontrastiven Linguistik, Frankfurt a. M. 1972.
Niepold, Wulf: Sprache und soziale Schicht, Berlin 1971.
Nusser, Peter: Romane für die Unterschicht, Stuttgart 1973.
Oevermann, Ulrich: Sprache und soziale Herkunft, Frankfurt a. M. 1972.
Orban, Peter: Sozialisation und Emanzipation, Mainz 1973.
Piaget, Jean: Urteil und Denkprozeß des Kindes, Düsseldorf 1972.
Piaget, Jean: Sprechen und Denken des Kindes, Düsseldorf 1973.
Piepho, H.-E.: Förderung und Integration von Kindern ausländischer Arbeitnehmer, Limburg 1972.
Pitz-Fröhlich, Gertrud: Weltsicht und Weltverständnis im Lesebuch, Weinheim 1969.
Pregel, Dietrich: zum Sprachstil des Grundschulkindes, Düsseldorf 1970.
Priesemann, Gerhard: Zur Theorie der Unterrichtssprache, Düsseldorf 1971.
Reger, Harald: Soziologische Strukturen der Grundschullesebücher, Herms Päd. Taschenbücher 33.
Reiner, Everett: Schafft die Schule ab, Hamburg 1972.
Richter, Eberhard: Eltern, Kind und Neurose, Hamburg 1969.
Riemenschneider, Hartmut: Ansätze zu einem kritischen Literaturunterricht in der Sekundarstufe, Düsseldorf 1972.
Roeder, Pasdzierny, Wolf (Hrsg.): Sozialstatus und Schulerfolg, Heidelberg 1965.
Rolff, Hans G.: Sozialisation und Auslese durch die Schule, Heidelberg 1967.
Rucktäschel, Annamarie (Hrsg.): Sprache und Gesellschaft, München 1972.
Saussure, F. D.: Grundfragen der allgemeinen Sprachwissenschaft, Berlin ²1967.
Savigny, Eike v.: Philosophie der normalen Sprache, Frankfurt a. M. 1969.
Scheffler, Israel: Die Sprache der Erziehung, Düsseldorf 1971.
Schiwy, Günter: Neue Aspekte des Strukturalismus, München 1971.
Schmalohr, Emil: Den Kindern eine Chance, München ²1972.

Schnelle, H.: Sprachphilosophie und Linguistik, Hamburg 1973.
Schütt, Artur: Deutschunterricht – Schüler ziehen Bilanz, Düsseldorf 1973.
Schütt und Stutlesser: Das Sachbuch im Deutschunterricht, Düsseldorf 1972.
Sonnemann, Ulrich: Schulen der Sprachlosigkeit, Hamburg ²1970.
Spanhel, Dieter: Die Sprache des Lehrers, Düsseldorf 1971.
Strindberg, August: Ein Lesebuch für die niederen Stände, München 1970.
Strzelewicz, Willy: Das Vorurteil als Bildungsbarriere, Göttingen ²1971.
Tausch, R. und A.: Erziehungspsychologie, Göttingen ²1965.
Thiel, Hans (Hrsg.): Reflexion über Sprache, Frankfurt a.M. 1972.
Vermeer, Hans J.: Allgemeine Sprachwissenschaft, Freiburg 1972.
Wagenbach, Klaus (Hrsg.): Lesebuch – Deutsche Literatur der 60er Jahre, Berlin 1968.
Walz, Ursula: Soziale Reifung in der Schule, Hannover ³1968.
Walz, Ursula (Hrsg.): Literaturunterricht in der Sekundarstufe, Stuttgart 1970.
Wandruszka, Mario: Interlinguistik, München 1971.
Wasna, Maria: Motivation, Intelligenz und Lernerfolg, München 1972.
Watzlawick, Beavin und Jackson: Menschliche Kommunikation, Bern ³1972.
Weber, Erich: Erziehungsstile, Donauwörth 1970.
Whorf, B. L.: Sprache, Denken, Wirklichkeit, Hamburg 1963.
Wieczerkowski, W.: Frühe Zweisprachigkeit, München 1965.
Wollschläger, Gunther: Kreativität und Gesellschaft, Frankfurt a.M. 1972.
Zborobski und Büchler: Integrations- und Sozialisationsprobleme von Gastarbeiterkindern am Beispiel griechischer und italienischer Kinder an Offenbacher Schulen, Frankfurt a.M. 1973 (unveröff. Examensarbeit).

Gisela Oestreich

Erziehung zum kritischen Lesen

Band 9003 : : .   160 Seiten

Als Aufgabe des literarischen Jugendschutzes wurde bislang das Aussondern und Verbieten von Sex- und Schundliteratur angesehen. Mit erschreckender Ahnungslosigkeit stand man dagegen der sogenannten „unbedenklichen" Kinder- und Jugendliteratur gegenüber. Erst jetzt liegt eine gründliche Analyse vor. Gisela Oestreich untersuchte mit einem studentischen Mitarbeiterstab ungefähr 1000 der verbreitetsten Kinder- und Jugendbücher und kommt dabei zu dem Ergebnis, daß in den meisten Büchern immer wieder dieselben Stereotypen und Klischees auftauchen, die gefährliche Vorurteile suggerieren und dem Kind und Jugendlichen den Zugang zu einer differenzierten Wirklichkeitswahrnehmung in bedenklicher Weise verstellen.
In der Auswertung der Analyse für die pädagogische Praxis zeigt sie die negativen Auswirkungen dieser Lektüre hinsichtlich des Umweltverhaltens auf und gibt praktische Anleitungen für eine Erziehung zum kritischen Lesen.

Begabung und Lernerfolg in der Schule

Band 9002 : . 144 Seiten

Auf dem Hintergrund lernpsychologischer Grundlagen und soziologischer Voraussetzungen behandelt das Taschenbuch die zentralen Lernprobleme im Detail, die vor allem für das schulische Lernen von Bedeutung sind. Ausgehend von der Frage der Begabungserkennung, -weckung und -pflege über die Ansprüche der heutigen Gesellschaft werden die Probleme der Klassenstruktur, des Gruppenunterrichts, des Leistungsprinzips, der Möglichkeiten eines lebendigen Unterrichts, des programmierten Lernens und des medienunterstützten Unterrichts abgehandelt. Die Autoren gehen von der Praxis aus, um dem Leser den Einstieg zu erleichtern und eine unmittelbare Auswertung zu ermöglichen.

Der Band enthält Beiträge von:
Hans-Karl Beckmann, Mildesheim
Heinrich Ebel, Münster
Robert Burger, Assenhausen
Fritz Loser, Altenberge
Erich Wasem, München
Franz Pöggeler, Aachen